Stephen Cottrell
Jesu Tod – was habe ich damit zu tun?

Stephen Cottrell ist Bischof der anglikanischen Diözese Chelmsford, nachdem er zuvor Bischof von Reading war. Er begann seine kirchliche Laufbahn in Gemeinden in London und Chichester, war administrativ und liturgisch verantwortlicher Pastor an der Kathedrale von Peterborough, Missionar in der Diözese Wakefield und Mitglied von Springboard, dem Evangelisationsteam des Erzbischofs von Canterbury. Aus seiner Feder stammen unzählige Veröffentlichungen zum Thema Evangelisation, Spiritualität und Jüngerschaft. Zu seinen letzten Veröffentlichungen zählen unterschiedliche Meditationen zur Passionszeit und Karwoche.

Stephen Cottrell

JESU TOD – WAS HABE ICH DAMIT ZU TUN?

Ein Lese- und Praxisbuch für die Karwoche
Aus dem Englischen von Christiane Vorländer

neukirchener
aussaat

Bibliografische Information der Deutschen Bibliothek
Die Deutsche Bibliothek verzeichnet diese Publikation in der Deutschen Nationalbibliografie; detaillierte bibliografische Daten sind im Internet über http://dnb.ddn.de abrufbar.

© 2017 Neukirchener Verlagsgesellschaft mbH, Neukirchen-Vluyn
Alle Rechte vorbehalten
Umschlaggestaltung: Grafikbüro Sonnhüter, www.sonnhueter.com, unter Verwendung eines Bildes von Rattanaprathum, Marfo (shutterstock.com)
Lektorat: Ernst Neumann, Bonn
DTP: Breklumer Print-Service, www.breklumer-print-service.com
Verwendete Schriften: Klavika, Sabon
Gesamtherstellung: Finidr, s.r.o.
Printed in Czech Republic
ISBN 978-3-7615-6389-2

www.neukirchener-verlage.de

Inhalt

Für all jene, die es – wie ich –
bisher noch nicht richtig verstanden hatten.

Ich werde die Nachkommen Davids und die
Einwohner Jerusalems mit meinem Geist erfüllen,
und sie werden mich um Gnade anflehen.
Voller Reue werden sie auf den sehen,
den sie durchbohrt haben,
und die Totenklage für ihn halten,
so wie man um den einzigen Sohn trauert,
ja, sie weinen um ihn wie um den ältesten Sohn.

Sacharja 12,10

Einleitung

Die Geschichte dieses Buches begann 1987. Ich war bereits einige Jahre als Kurat [entspricht in der evangelischen Kirche dem Pfarrer im Entsendungsdienst – Anm. d. Übers.] in den zur Diözese Southwark gehörenden Gemeinden Christ Church und St. Paul's im Londoner Stadtteil Forest Hill tätig. Mein Mentor übertrug mir damals die Aufgabe, eine Art meditatives Aufwärmprogramm für die Karfreitagsliturgie zu gestalten mit dem Titel „Eine Stunde vor dem Kreuz". Die Umsetzung überließ er ganz mir. Meine Idee war ein Gottesdienst rund um die Fragen: „Wer tötete Jesus?" und „Wer war schuld?" Ich wollte, dass wir uns dem gemeinsam nähern durch szenisch dargestellte Meditationen, in denen verschiedene Leute die Rollen der beteiligten Charaktere übernahmen. Eingebettet in Momente der Stille, Lieder und Gebete würde die Geschichte von Karfreitag erzählt werden, indem die verschiedenen Personen ihr Handeln rechtfertigten und die Schuld gleichsam an den nächsten weitergaben.

Gemeinsam mit einer kleinen Gruppe machte ich mich an die Arbeit, und wir entwickelten eine Liturgie, die damit begann, dass ein großes Holzkreuz in den Andachtsraum gebracht und ohne weiteren Kommentar in die Mitte gelegt wurde. Dann wurden Nägel hineingeschlagen und es wurde in der Mitte aufgestellt. Ein großer Nagel blieb übrig und lag am Fuß des Kreuzes. Das alles geschah, ohne ein Wort zu sprechen. Dann trat jemand aus der Gemeinde heraus und nahm den am

Boden liegenden Nagel in die Hand. Er begann zur Gemeinde zu reden, als sei er einer der römischen Soldaten, die Jesus gerade ans Kreuz genagelt hatten, und spräche zu dem Volk, das dabei zugesehen hatte. Das Ganze geschah ohne Ankündigung. Es gab keinen Programmzettel, der erklärt hätte, wer er war. Er nahm einfach den Nagel in die Hand und begann zu reden. Erst während er sprach wurde nach und nach klar, wer er war und was er wollte.

Er teilte der anwesenden Gemeinde mit, dass ihn keine Schuld traf. Er hatte nur Befehle ausgeführt, eigentlich also nichts Besonderes getan. Natürlich war es furchtbar, aber es musste eben getan werden. Er hatte keine Wahl. Und er schloss mit den Worten: „Wenn ihr den sucht, der die Schuld am Tod Jesu trägt, dann sprecht mit der Person, die den Befehl erteilt hat; fragt Pontius Pilatus, er trug die Verantwortung." Die Person legte den Nagel wieder zum Kreuz und ging an ihren Platz zurück.

Wieder folgte eine Zeit der Stille, gefolgt von einem meditativen Lied und einem kurzen Gebet. Dann stand der nächste auf, trat vor und nahm den Nagel in die Hand. Dieses Mal war es Pontius Pilatus; er rechtfertigte seine Entscheidungen, gab die Verantwortung weiter an die jüdische Obrigkeit und legte den Nagel zurück. Dann kam Kajafas und tat es ihm nach – war es nicht letztlich von Vorteil, dass einer starb, damit das ganze Volk leben sollte? Sogar Judas Iskariot, einer derer, die Jesus nachgefolgt waren, hatte den Glauben an ihn verloren und ihn verraten. Zum Schluss trat Judas vor. Auch er nahm den Nagel in die Hand und erzählte seine Geschichte. Auch er rechtfertigte seine Handlungen und legte den Nagel zurück. Aber dabei zeigte er auf die versammelte Gemeinde, die sich mit der Zeit mehr und mehr in die Rolle des Volkes versetzt sah, und sagte zu ihr: „Seid nicht ihr Schuld an allem? Ihr habt am letzten Sonntag Hosianna gesungen und ihn mit Freuden empfangen; aber heute Nachmittag habt ihr nach seinem Blut verlangt, habt geschrien ‚Kreuzigt ihn! Kreuzigt ihn!'" Dann standen die vier Akteure auf, gingen durch die Gemeinde und verteilten Nägel an alle. Der Hinweis war klar: Wir alle tragen die Verantwortung.

Es war ein sehr bewegender Gottesdienst. Der Text für die vier Rollen war nicht ausformuliert, sondern wurde von den Personen anhand von Stichworten frei improvisiert, so dass jeder seine Rolle überzeugend darstellen konnte. Um dieser ersten Gruppe die Anerkennung zu zollen, die sie verdient hat, möchte ich hier die Namen der Beteiligten nennen: Bud Leech spielte die Rolle des römischen Soldaten; John Caldicott, mein Mentor, war Pilatus; Roy Ward spielte den Kajafas; und ich hatte die Rolle des Judas übernommen. Alles, was Sie in diesem Buch lesen, baut auf der Kreativität dieser Gruppe auf.

Als die Nägel verteilt wurden, nahmen die meisten der Anwesenden sie entgegen, als handele es sich um das Heilige Abendmahl. Sie verstanden die Handlung ganz richtig als liturgischen Akt. Manche wählten sogar die gleiche Handhaltung, wie beim Empfang des Sakramentes – sie nahmen den Nagel entgegen mit ausgestreckten, ineinander liegenden Händen. Ein oder zwei verweigerten die Annahme, was völlig in Ordnung war. Die meisten hielten während des restlichen Gottesdienstes und dann auch noch während der darauf folgenden Karfreitagsliturgie den Nagel in der Hand. Er wurde zu ihrem Anteil, nicht nur am Gottesdienst, sondern auch an der Passion Christi. Viele nahmen ihren Nagel mit nach Hause. Ich erinnere mich noch, dass ich Monate später ein älteres Gemeindeglied besuchte: Ihr Nagel lag auf dem Kaminsims neben ihrem Kreuz.

Seitdem habe ich das Konzept zu unterschiedlichen Gelegenheiten immer wieder aufgeführt bzw. gefeiert. Es hat sich als ein sehr effektiver Weg erwiesen, um die Geschichte vom Kreuz zu erzählen und auf eindringlich emotionale Weise zu vermitteln, welcher Preis und welche Verantwortung damit verbunden sind; was seine Bedeutung ist für Gott und für uns. Das Kreuz wird theologisch reflektiert durch diese neue Art, die Geschichte zu erzählen.

2008 wurde ich von der *All Saints*-Gemeinde in Marlow westlich von London eingeladen, die Liturgie ihres sehr traditionellen, dreistündigen Karfreitagsgottesdienstes zu gestalten. Sie besteht gewöhnlich aus sechs Denkanstößen, dazwischen eingestreut sind Lieder, Gebete und Lesungen. Da ich unsicher war, wie ich die Sache angehen sollte, griff ich wieder auf die Ideen zurück. Bis dahin gab es keinerlei schriftliche Ausarbeitung. Alle „Vorführungen" waren improvisierte Monologe in Ich-Form gewesen, präsentiert von ganz verschiedenen Leuten. Es hatte immer die gleichen vier Charaktere gegeben: den römischen Hauptmann, Pilatus, Kajafas und Judas. Meine Idee war, jetzt zwei Charaktere hinzuzufügen (um die drei Stunden zu füllen benötigte ich mindestens zwei weitere Meditationen!). Also schrieb ich sie auf und spielte sie dann selbst. Konsequenterweise entschied ich mich für Petrus und Maria Magdalena und stellte fest, dass sie dem Ganzen mehr Tiefe verliehen und eine zusätzliche Kontrastfläche boten für unsere Reaktion auf Christus und seinen Tod am Kreuz. Deshalb steht am Anfang dieser neuen Geschichte in nunmehr sechs Akten Petrus, der sich rechtfertigt dafür, dass er vom Kreuz floh und Jesus verleugnete. Und am Ende spricht Maria Magdalena, eine der wenigen, die nicht davonliefen; sie nahm die Verantwortung auf sich. Die Nägel sollten an der gleichen Stelle ausgeteilt werden: nachdem Judas zu dem Schluss gekommen war, dass wir alle Schuld tragen. Danach sollte Maria sprechen – als erste Apostelin; als die allererste, die den Nagel nicht wieder hinlegt, sondern ihn in der Hand behält; als diejenige, die ihre Verantwortung sieht und akzeptiert, die ihren Blick auf Christus gerichtet hält.

Das alles aufzuschreiben war leicht. Es war sogar mit besonderer Freude verbunden, mich in die verschiedenen Charaktere zu versenken und aus ihrer Perspektive einen neuen Blick auf die Geschichte der Passion Christi zu werfen. Die Meditationen wurden ein wenig länger – ich musste mehr Zeit füllen – und es war eigentlich unvermeidlich, dass ich beim Schreiben der Texte auf den Gedanken kommen würde, daraus ein Buch zu machen.

Was Sie hier vor sich liegen haben, unterscheidet sich nicht sehr von den Meditationen in Marlow vor einigen Jahren. Ich habe sie ein wenig erweitert und geordnet aber mehr nicht. Ich hoffe, dass dieses Buch in drei verschiedenen Kontexten hilfreich sein kann:

1 Der Titel des Buches verrät, was Ihnen geboten wird: ein Buch über das Kreuz, zum Lesen und zum Nachdenken. Mein Wunsch ist, dass alle Leser darin Hilfe und Anregung finden.

2 Es kann sowohl für Einzelne als auch für Gruppen ein Leitfaden in der Passionszeit sein. Am Ende des Buches finden Sie einige Fragen für Gruppengespräche; diese führen den Gedanken weiter, dass Sie selbst sich in die Geschichte hineinversetzen und bieten Ihnen die Möglichkeit zu einer völlig anderen Form von Gesprächskreis während der Passionszeit.

3 Nicht zuletzt ist mir wichtig, dass dieses Buch nach wie vor so eingesetzt werden kann, wie es ursprünglich entstanden ist: als Liturgie für Karfreitag. Sie werden feststellen, dass jedes Kapitel mit Bibeltexten beginnt und mit einem Gebet endet. So ist das gesamte Buch gleichsam eine meditative Liturgie. Sie müssen lediglich ein paar Lieder aussuchen, eigene Gebete hinzufügen und sechs gute Vorleser finden, die die verschiedenen Rollen übernehmen können. Ich bin nach wie vor der Überzeugung, dass es hilfreich ist, zu Anfang ein großes Kreuz ins Zentrum des Gottesdienstraumes zu stellen. Unverzichtbar ist natürlich der große Nagel, den die Charaktere zum Sprechen aufnehmen, in der Hand halten und wieder ablegen, wenn sie fertig sind. Darüber hinaus brauchen Sie viele kleinere Nägel, die sie an die Gemeinde verteilen können, nachdem Judas mit seiner Rede fertig ist.

Noch besser wäre, wenn Sie meine Worte als Inspiration für Ihre eigene Kreativität verstehen und Ihre eigenen Meditationen schreiben oder improvisieren würden. Denn das ist der Ursprung dieses Buches – und ich würde mich geehrt fühlen, wenn es schließlich genau dort hinführen würde: Wenn Sie durch meine Worte Ihre eigenen Worte finden und dadurch noch einmal ganz neu das lebendige Wort, Christus selbst als den Gekreuzigten.

Ich habe zudem zwei weitere Meditationen angefügt. Zunächst eine für den Abend des Karfreitag: Die Frau des Pontius Pilatus schaut zurück auf die Ereignisse des Tages und auf ihren Anteil daran. Und dann ein Kapitel, das die schonungslose Frage stellt: Lassen wir zu, dass Jesus uns vergibt? Am Kreuz wird jedem Einzelnen Vergebung angeboten – ohne Gegenleistung. Aber wir müssen danach greifen; wir müssen das Geschenk annehmen, das uns da angeboten wird. Und hier liegt der wahre Zweck dieses Buches: Es möchte den Menschen dabei helfen, den eigenen Anteil am Kreuzesgeschehen und das Geschenk der Vergebung, das von ihm ausgeht, zu verstehen.

Stephen Cottrell

Teil Eins:

FREITAG, NACHMITTAG

Kapitel 1

PETRUS

Noch während Jesus redete, tauchte plötzlich eine Schar Männer auf, an ihrer Spitze Judas, einer der Zwölf. Er ging auf Jesus zu, um ihn mit einem Kuss zu begrüßen. Jesus aber sagte zu ihm: „Judas, mit einem Kuss verrätst du den Menschensohn?" Als die, die bei Jesus waren, begriffen, in welcher Absicht die Männer gekommen waren, fragten sie: „Herr, sollen wir zum Schwert greifen?" Und einer von ihnen ging auch gleich auf den Diener des Hohenpriesters los und schlug ihm das rechte Ohr ab. Aber Jesus rief: „Halt! Hört auf!" Und er berührte das Ohr des Mannes und heilte ihn. Dann wandte er sich zu den führenden Priestern, den Offizieren der Tempelwache und den Ältesten, die gegen ihn angerückt waren, und sagte: „Mit Schwertern und Knüppeln seid ihr ausgezogen, als wäre ich ein Verbrecher. Dabei war ich doch Tag für Tag bei euch im Tempel, und ihr habt nichts gegen mich unternommen. Aber jetzt ist eure Stunde gekommen, jetzt übt die Finsternis ihre Macht aus."

Die Männer packten Jesus, führten ihn ab und brachten ihn in den Palast des Hohenpriesters. Petrus folgte ihnen in einiger Entfernung. In der Mitte des Innenhofes hatte man ein Feuer angezündet; Petrus setzte sich zu den Leuten, die dort beieinander saßen. Eine Dienerin sah ihn im Schein des Feuers dasitzen, musterte ihn aufmerksam und meinte dann: „Der hier war auch mit ihm zusammen!" Aber Petrus stritt es ab: „Ich kenne diesen Mann nicht!" Es ging nicht lange, da wurde jemand anders auf ihn aufmerksam und sagte: „Du bist auch einer von denen!" Petrus widersprach: „Das stimmt nicht!" Etwa eine Stunde später erklärte wieder jemand anders mit Bestimmtheit: „Natürlich war der auch mit ihm zusammen; er ist doch auch ein Galiläer!" Aber Petrus entgegnete: „Ich weiß nicht, wovon du sprichst." Im gleichen Augenblick – noch während er das sagte – krähte ein Hahn. Da wandte sich der Herr um und blickte Petrus an. Petrus erinnerte sich daran, wie der Herr zu ihm gesagt hatte: „Bevor der Hahn heute Nacht kräht, wirst du mich dreimal verleugnen." Und er ging hinaus und weinte in bitterer Verzweiflung.

Lukas 22,47-62

Nachts auf meinem Bett
sehnte ich mich nach meinem Liebsten.
So gern wollte ich bei ihm sein,
doch er war nicht da!
„Ich will aufstehn, die Stadt durchstreifen,
durch die Gassen und über die Plätze laufen.
Meinen Liebsten muss ich finden!"
Ich suchte nach ihm, doch vergebens.
Bei ihrem Rundgang griff die Wache mich auf:
„Habt ihr meinen Liebsten gesehen?",
fragte ich sie.

Hohelied 3,1-3

Ich weiß, was ihr denkt. Jeder normale Mensch würde das unter diesen Umständen denken: Du hast ihn im Stich gelassen; du hast nur an dich gedacht; du bist deine eigenen Wege gegangen.

Aber wenn ihr mal einen Moment darüber nachdenkt: Was hättet ihr getan?

Oh ja, es ist leicht, eine Situation aus sicherer Entfernung zu beurteilen; aber wenn man mitten drin steckt, wenn um einen herum alles Mögliche gleichzeitig passiert, dann ist es viel schwerer. Dann denkt man plötzlich nur noch an sich selbst. Dann zählt nur noch eins: Wie kann ich meine Haut retten?

Aber was ihr wahrscheinlich nicht versteht: Er wollte genau das. Er hat es genau darauf angelegt. Und ich hatte wirklich gedacht, dass er der Messias sein könnte – nein, ich wusste es. Aber nicht so. (Er hatte schließlich genug Möglichkeiten, es den Leuten zu zeigen, aber er hat nichts gesagt, nichts getan). Und dann, letzte Nacht am Feuer, schaute er mich an. Ich weiß nicht, wie ich diesen Blick deuten soll. Da war doch noch so viel anderes passiert. So viel, in so kurzer Zeit: Er hat unsere Füße gewaschen und uns geboten, einander zu lieben; er hat das Brot mit uns gebrochen und uns gesagt, dass dies sein Blut sei, hat Wein ausgegossen und gesagt, dass es sein Leib sei. Er hat gesagt, dass einer von uns ihn verraten würde. Und als Judas dann ging (er muss gewusst haben, wohin er ging), sagte er wieder nichts, ließ ihn einfach gehen.

Ich war empört. Sollen sie sich nur alle davonschleichen; sollen sie ihm doch den Rücken zukehren. Ich nicht. Ich würde fest zu ihm stehen.

Aber ich habe mich geirrt. Habe mich in Jesus geirrt und in mir selbst.

Nach dem Mahl nahm er uns mit in diesen Garten und bat uns, wach zu bleiben. Aber es war zu viel. Irgendwie schien er mich immer um Dinge zu bitten, die ich nicht geben konnte. Also schliefen wir einfach ein.

Als sie dann kamen, um ihn zu holen – festzunehmen meine ich (das war bestimmt Judas, der sie dorthin ge-bracht hatte), war keiner von uns bereit. Plötzlich brach alles zusammen, nichts mehr war wie vorher und in mir schrie alles danach, dass Jesus ihnen sagte, wer er war – er sollte irgendetwas tun, irgendetwas sagen – oder ich würde kämpfen.

Aber er tat gar nichts. Ließ sich einfach so mitnehmen. Das machte keinen Sinn. Also kämpfte ich. Um das noch mal ganz klar zu sagen: Ich habe versucht, sie aufzuhal-ten. War das etwa falsch? Wollt ihr mich dafür verurtei-len? Kämpft ihr nicht?

In diesem Augenblick wurde mir auch klar, dass sein Verständnis von der Aufgabe des Messias nie gleich-bedeutend war mit dem, was ich gedacht hatte – was wir alle gedacht hatten. Die Erkenntnis traf mich wie ein Schlag. Ich hatte ja vorher schon einmal versucht, ihm das zu sagen, aber da hatte er mich Satan genannt.

Tiefe Zweifel übermannten mich und rissen mich in die Tiefe, es war, als hätte jemand in meine Brust gegriffen und seine kalte Hand um mein Herz geschlossen: War denn alles umsonst gewesen? War Jesus einfach nur der Verrückte, der Gotteslästerer, der Einfaltspinsel für den andere ihn hielten?

„Soll ich den bitteren Kelch, den mir der Vater gegeben hat, etwa nicht trinken?" [s. Johannes 18,11 – Anm. d. Übers.] Das sagte er, als sie ihn wegführten. Aber was soll das bedeuten? Welcher Kelch? Welcher Vater? Ich weiß es immer noch nicht. Er spricht in Rätseln. Und seine Rätsel tun weh. Seine Worte waren immer unbequeme Wahrheit gewesen, wie eine Reizung der Haut. Man kratzt sich immer wieder, aber es geht nicht weg.

Ich bin ihm dann gefolgt. Alle anderen verfielen in Panik. Er wurde weggebracht und für ein paar Augenblicke herrschte ein einziges Chaos. Keiner wusste, was er tun sollte. Keiner wusste etwas zu sagen und doch schrien wir aufeinander ein, als ob jemand von uns schuld wäre. Also folgte ich ihnen – in einiger Entfernung und sehr vorsichtig. Aber es war schon zu spät. Ich konnte sehen, dass es vorbei war. Vielleicht war ich ein Narr, weil ich geglaubt hatte, dass es anders ausgehen könnte. Als sie mich also fragten, ob ich ihn kenne, ob ich auch bei ihm gewesen, ob ich einer von ihnen sei, kam das „Nein" ganz leicht über meine Lippen. Weil, naja, ich kenne ihn gar nicht wirklich. Ich bin nicht bei ihm. Ich bin keiner von ihnen – jetzt nicht mehr. Es gibt kein „ihnen". Es ist vorbei.

Und trotzdem, könnt ihr mir diese Frage beantworten, die Frage, die mich nicht mehr loslässt: Warum tat es so furchtbar weh, als Jesus sich zu mir umwandte und mich anschaute? Warum war ich so zutiefst erschrocken? Was hat er in mir gesehen? Was in mir soll noch ans Licht kommen?

Er hatte tief in mich hinein gesehen, hatte meine Torheit gesehen, meine Angst – und mich trotzdem geliebt. Genau darum ging es: um Liebe. Und jetzt verstehe ich diese Liebe nicht mehr. Weil ich nicht weiß, wer er wirklich ist.

Wenn ihr also nach jemanden sucht, der Schuld ist am Tod Jesu, dann schaut nicht mich an. Ja, ich habe es falsch verstanden. Das haben wir alle. Und er auch. Findet euch damit ab.

Schließlich sind das die Fakten. Er wurde gefangen genommen. Verurteilt. Geschlagen. Festgenagelt. Gekreuzigt. Wir haben es nicht verhindert. Wir haben unsere eigene Haut gerettet – so wie ihr auch die eure gerettet habt. Wir hatten Angst vor den Nägeln, die unsere Hände und Füße durchbohrt hätten, also rannten wir um unser Leben. Der Gedanke an die Nägel in seinen Händen gefällt mir auch nicht, aber es ist eben passiert. Ich war nicht dabei, als es passierte, aber es ist passiert. Es ist geschehen. Er wurde der jüdischen Obrigkeit ausgeliefert und ein römischer Soldat nagelte ihn an ein Stück Holz. Das war's. Schluss, aus, Ende.

Herr,
wenn sich alles nur um mich dreht,
ich mich selbst mit rosaroter Brille sehe,
über die Gebühr überzeugt von mir,
voller Selbstgefälligkeit
und gnadenlos;
wenn ich deine Weite meiner Enge unterwerfe,
statt deinen neuen Horizont zu preisen,
dann, Herr,
schau mich an mit Liebe.
Durchdringe die Rüstung meines Stolzes.
Gebiete meiner Hast Einhalt.
Und hilf mir zu zweifeln an den übereilten
Lösungen,
mit denen ich meine Fehler zu rechtfertigen suche.
Sieh in mich hinein.
Glaub an mich
und hilf mir dabei, neu zu beginnen.
Amen.

Kapitel 2

DER RÖMISCHE HAUPTMANN

Zusammen mit Jesus wurden auch zwei andere Männer zur Hinrichtung geführt, zwei Verbrecher. Als sie an die Stelle kamen, die „Schädel" genannt wird, kreuzigten die Soldaten ihn und die beiden Verbrecher, den einen rechts und den anderen links von ihm. Jesus aber sagte: „Vater, vergib ihnen, denn sie wissen nicht, was sie tun." Die Soldaten warfen das Los um seine Kleider und verteilten sie unter sich. Das Volk stand dabei und sah zu. Und die führenden Männer sagten verächtlich: „Anderen hat er geholfen; soll er sich doch jetzt selbst helfen, wenn er der von Gott gesandte Messias ist, der Auserwählte!" Auch die Soldaten trieben ihren Spott mit ihm; sie traten zu ihm hin, boten ihm Weinessig an und sagten: „Wenn du der König der Juden bist, dann hilf dir selbst!" Über seinem Kopf war eine Aufschrift angebracht; sie lautete: „Dies ist der König der Juden."

Lukas 23,32-38

Ich fühle mich, als wäre ich hingeschüttet
wie Wasser,
alle meine Glieder sind wie ausgerenkt.
Mein Herz ist wie flüssiges Wachs,
das tief in meinem Innern zerschmilzt.
Ich bin ohne Kraft, ausgetrocknet wie eine
Tonscherbe.
Die Zunge klebt mir am Gaumen.
Du hast mich in den Staub gelegt, dahin,
wo die Toten liegen.

Denn Menschen haben mich eingekreist wie Hunde,
eine Horde von Gewalttätern umringt mich.
Wie sich ein Löwe in seine Beute verbeißt,
so halten sie mich fest
und geben meine Hände und Füße nicht mehr frei.
Ich könnte meine Knochen einzeln zählen;
meine Feinde starren mich nur erbarmungslos an.
Sie verteilen meine Kleider unter sich
und werfen das Los,
wer mein Obergewand bekommen soll.

Psalm 22,15-19

Also damit das klar ist: Wir haben da nur 'nen Job gemacht wie jeden anderen auch. Ist sowieso das reinste Rattenloch, wo wir hier stationiert sind, und um diese Zeit im Jahr – ist echt wahr – gibt's massenweise Störenfriede, die mal ihre Flügel gestutzt brauchen. Und die es mit der Religion haben, die sind die Schlimmsten. Und bevor ihr es euch zu gemütlich macht mit eurer Meinung, denkt mal drüber nach, was passiert wäre, wenn wir nein gesagt hätten.

Aber ich muss dazu sagen: der hier, der war anders.

Erst mal die Volksmassen. Die ganze Woche waren sie schon unruhig, aber so richtig greifen konnte man es nicht. Jeder hat's gespürt. Hatte was mit diesem Typen zu tun. Diesem Jesus, der, den wir festgenagelt haben. Aber letzten Sonntag – ist nicht mal eine Woche her – da hätte man denken können, das wär Gott selbst, der nach Jerusalem kommt. Alle waren am Lachen und Jubeln. War ein Riesen-Trara. Sie haben sogar Zweige von den Bäumen abgerissen und sie geschwenkt als wären es Flaggen.

Hat sich aber schnell geändert. Und wer hat's zuerst gemerkt? Wir natürlich. Sind nämlich immer wir, weil, wenn's irgendwo Ärger gibt, dann rufen sie uns. Er geht also in den Tempel. Ich meine, ist das zu glauben; als hätte der richtig Lust zu sterben. Der geht direkt zum Tempel, also da, wo diese Juden lauter so komisches Zeug für ihren Gott machen und wirklich dran glauben. Und er, voll der Bruce Willis, versucht da im Alleingang den Laden auseinanderzunehmen, schmeißt die Tische

29

um und beschimpft sie als Diebesbande, jagt die Geldverleiher und die Verkäufer zum Teufel. War als ob er den Tempel schließen wollte.

Ich sag zu meinem Kumpel, man, da hat er sich aber 'ne tolle Zeit ausgesucht. Ausgerechnet an diesem verfluchten Passahfest, da kommen sie alle, von überall her, und sind sowieso schon total aufgedreht und aus dem Häuschen. Das Passahfest hat irgendwas mit Befreiung zu tun. Freiheit. Die erinnern sich da an die Zeit, als alle Sklaven in Ägypten waren. Und dann war da dieser Kerl, dieser Mose, der hat den Pharao ordentlich reingelegt und dann waren alle frei. Und die Ägypter und deren Armeen und sogar die Streitwagen waren besiegt. Na, ich brauch' euch wohl nicht zu sagen, dass für uns Römer diese Zeit im Jahr nicht grad die tollste ist. Wir sind schließlich auch Fremde. Heiden, so nennen sie uns. Wir sind die Besatzungsmacht. Selbst wenn alles gut läuft, mögen sie uns schon nicht besonders. Und in der Passahwoche, da ist es besonders schlimm. Da beobachten sie uns misstrauisch, als würden sie denken: Jetzt seid ihr dran. Was mit den Ägyptern passiert ist … ihr seid die Nächsten!

War also echt das Letzte, was wir brauchen konnten, so ein getürkter Messias vom Land, der zu uns in die Stadt kommt. Und der nicht nur die Leute gegen uns aufhetzt, sondern auch noch die eigene Obrigkeit reizt – und die haben wir eigentlich in der Tasche, die machen, was man ihnen sagt. Aber nicht wegen unserm Gouverneur, Pilatus. Der ist ein Schlappschwanz wie er im Buche steht.

Das musste so kommen, das konnte jeder sehen. Er geriet zwischen die Fronten. Wurde aufgerieben. Seine eigenen führenden Leute auf der einen Seite, unsere auf der anderen. Wir haben nur die Arbeit gemacht. Die Entscheidungen, die sind woanders gefallen. Oder meint ihr, Pilatus hätte die Nägel selbst reingeschlagen? Super Witz. Das war unser Job. Aber soll ich euch was sagen, das Volk, genau die, die letzte Woche noch so scharf auf ihn waren, die haben ihre Meinung aber schnell geändert. Sobald die merkten, dass er lieber das Reich Gottes wollte, als dem römischen Reich einen Tritt in den Hintern zu geben, waren die plötzlich ganz anderer Meinung. Da konnten sie ihn nicht schnell genug loswerden. „Tötet den Verrückten!", schrien sie.

Ist echt nicht zu fassen! Aufgeknüpft von unseren Leuten, weil er seine eigenen verärgert hat. Wir haben nur deren Drecksarbeit gemacht.

Aber – und das mein ich ernst, ganz ernst – der hatte was, das ging einem unter die Haut. Und denkt bloß nicht, ich wär noch grün hinter den Ohren. Hab schon so einige schreckliche Dinge gesehen und getan. Das gehört dazu. Ich hab auch schon so einige umgebracht. Ein paar mit meinem Schwert; manche mit bloßen Händen; und dann welche, die ich – wie diesen Jesus – ans Kreuz gehängt habe. Macht keinen Unterschied für mich. Ist einfach mein Beruf, und bringt Essen auf den Tisch. Aber der hier, der hat mich kalt erwischt.

Der hat mich erwischt, weil während der ganzen Gerichtverhandlung, und als wir ihn wegbrachten, und sogar als wir ihm den lila Mantel angezogen haben, weil wir so richtig was zu lachen haben wollten – wir so taten, als wär er ein König, sind sogar auf die Knie gegangen vor ihm – in der ganzen Zeit sind wir nicht zu ihm vorgedrungen. Er hat nicht mal gezuckt. Natürlich hat's ihm weh getan, genauso wie jedem anderen auch. Er ist ja schließlich auch nur ein Mensch. Aber in ihm drin – das war, als ob da noch was anderes war.

Er hat uns angeschaut und da war kein bisschen Wut. Ich hab ihm ins Gesicht geschlagen und ihn angespuckt; dass er so ruhig war hat mich wütender gemacht, als ich es je vorher war. Aber als ich ihn dann angeguckt hab, da hab ich nur Traurigkeit in seinem Blick gesehen. Das hat mich ganz unsicher gemacht, echt. Er hat sich nicht mal gewehrt, als wir ihn ans Kreuz genagelt haben. Er hat nicht gekämpft, hat nicht gespuckt oder geschrien oder getobt. Kein bisschen wie die anderen. Er hat einfach nur nach oben geschaut. Als ob er über mich hinaus geguckt hätte. Als er ob er noch was anderes sehen konnte. Als ob ihn irgendwas getragen hätte, mitten in all dem, was passierte. Und glaubt mir, so zu sterben ist der Horror. Gottverlassen, langsam und sehr schmerzhaft. Und er sagt: „Vater, vergib ihnen, denn sie wissen nicht, was sie tun."

Das macht mich so wütend. Ich weiß nämlich, was ich tue. Ich kenne meinen Platz und kenne meinen Job. Aber mit ihm, da war dieses Andere. Und es geht nicht mehr weg.

Ok, ihr könnt mich jetzt auslachen. Aber ich hab ihn bewundert. Ich konnte sehen, warum die Leute ihm gefolgt waren. Hat er weiter gedacht als er durfte? Ja, hat er. Und wusste er, was ihm bevorstand? Ja, wusste er. Aber verdient hat er's nicht. In ihm war so eine merkwürdige Güte. Wenn ihr so wollt, war er ein Sohn Gottes.

Hätte Pilatus ein bisschen Verstand gehabt, hätte er uns diesen Verbrecher Barabbas töten und Jesus gehen lassen. Aber die Massen waren so aufgebracht, sie lechzten nach Blut – und ich glaub' die hätten ihn dann selbst gesteinigt. Oder sucht ihr jemanden, der Schuld hat? Das ist was anderes. Dann geht zu dem, der den Befehl gegeben hat. Pilatus. Er ist euer Mann. Und das ist die reine Wahrheit.

Herr,
wenn ich mich in Ausflüchten verliere,
die Verantwortung anderen zuschieben möchte,
mich hinter Entscheidungen anderer verstecken will,
einer Uniform, einem Dienstabzeichen,
ein Amt dazu nutze, mich zu verbergen,
dann, Herr,
sprich mir ins Herz.
Mache mich fähig, auf mein Inneres zu hören.
Leere das Gefäß meines eigenen Willens
und lass mich dort ganz neu
deine Wahrheit und Gnade finden,
die Entschiedenheit zu neuem Handeln,
die Erlaubnis, anders zu sein, als ich es bin,
und die Möglichkeit zu neuer Hoffnung.
Amen.

Kapitel 3

PONTIUS PILATUS

Daraufhin ließ Pilatus Jesus abführen und auspeitschen. Nachdem die Soldaten ihn ausgepeitscht hatten, flochten sie aus Dornenzweigen eine Krone, setzten sie Jesus auf den Kopf und hängten ihm einen purpurfarbenen Mantel um. Dann stellten sie sich vor ihn hin, riefen: „Es lebe der König der Juden!" und schlugen ihm dabei ins Gesicht. Anschließend wandte sich Pilatus ein weiteres Mal an die Menge. Er ging hinaus und sagte: „Ich bringe ihn jetzt zu euch heraus. Ihr sollt wissen, dass ich keine Schuld an ihm finden kann." Jesus trat heraus. Auf dem Kopf trug er die Dornenkrone, und er hatte den Purpurmantel um. Pilatus sagte zu der Menge: „Hier ist er jetzt, der Mensch!" Aber sowie die führenden Priester und ihre Leute Jesus erblickten, schrien sie: „Lass ihn kreuzigen! Lass ihn kreuzigen!" – „Nehmt ihn doch selbst und kreuzigt ihn!", erwiderte Pilatus. „Ich jedenfalls kann keine Schuld an ihm finden." – „Wir haben ein Gesetz", hielten ihm die Juden entgegen, „und nach diesem Gesetz muss er sterben, weil er behauptet hat, er sei Gottes Sohn."

Als Pilatus das hörte, wurde ihm noch unheimlicher zumute. Er ging ins Prätorium zurück und fragte Jesus: „Woher bist du eigentlich?" Aber Jesus gab ihm keine Antwort. „Du weigerst dich, mit mir zu reden?", sagte Pilatus. „Weißt du nicht, dass es in meiner Macht steht, dich freizulassen, aber dass ich auch die Macht habe, dich kreuzigen zu lassen?" Jesus erwiderte: „Du hättest keine Macht über mich, wenn sie dir nicht von oben gegeben wäre. Deshalb trägt der, der mich dir übergeben hat, eine größere Schuld." Daraufhin machte Pilatus noch einmal einen Versuch, Jesus freizulassen. Doch die Juden schrien: „Wenn du den freilässt, bist du nicht mehr der Freund des Kaisers! Jeder, der sich selbst zum König macht, stellt sich gegen den Kaiser."

Diese Worte verfehlten ihre Wirkung nicht. Pilatus ließ Jesus auf den Platz herausführen, den man das „Steinpflaster" nannte und der auf hebräisch Gabbata hieß. Dort nahm Pilatus auf dem Richterstuhl Platz. Es war der Rüsttag in der Passafestzeit, und es war inzwischen etwa zwölf Uhr mittags. Pilatus sagte zu den Juden: „Seht da, euer König!" Doch sie schrien: „Weg mit ihm! Weg mit ihm! Lass ihn kreuzigen!" – „Euren König soll ich kreuzigen lassen?", fragte Pilatus. „Wir haben keinen König außer dem Kaiser!", entgegneten die führenden Priester. Da gab Pilatus ihrer Forderung nach und befahl, Jesus zu kreuzigen. Jesus wurde abgeführt.

Johannes 19,1-16

Rette mich, Gott,
denn das Wasser steht mir bis zum Hals!
Ich versinke in tiefem Schlamm
und finde keinen Halt.
Das Wasser reißt mich in die Tiefe,
die Flut überschwemmt mich.
Erschöpft bin ich durch mein ständiges Rufen,
meine Kehle brennt, meine Augen erlöschen
– ich aber warte weiter sehnsüchtig auf meinen Gott.

So viele Menschen hassen mich ohne Grund,
sie sind zahlreicher als die Haare auf meinem Kopf.
Ihre Macht ist groß, und sie wollen mich
zum Schweigen bringen,
verlogene Feinde sind sie allesamt.

Psalm 69,2-5a

Wahrheit! Sie mögen entschuldigen, dass ich nicht einstimme in die allgemeine Begeisterung über dieses Wort. Es ist nämlich nie so einfach, wie man denkt. Meistens gibt es kein Schwarz oder Weiß, keine absolute Klarheit, sondern eher Grautöne, die ineinander übergehen und aufeinander stoßen. Die reine Wahrheit ist selten. Schwer zu greifen. So als würde man versuchen, den Wind festzuhalten. Das war Jesu Fehler. Er hatte etwas vor Augen. Ganz klar. Oder, besser, er dachte es sei klar.

Nehmen Sie also bitte Ihre Scheuklappen ab und hören Sie auf, mit dem Finger auf mich zu zeigen. Und rufen Sie sich einmal die eine Kleinigkeit ins Gedächtnis, die in dieser leidigen Geschichte tatsächlich in die Schwarz-Weiß-Kategorie fällt: Ich habe versucht, ihn freizulassen. Ich wollte nicht, dass er getötet wird. Ich musste es tun, um den Frieden zu erhalten. Die Massen hatten sich gegen ihn gewandt, ich hatte keine andere Wahl.

Ich mochte den Mann tatsächlich. Er hatte eine gewisse unbeugsame Seelenruhe an sich: nicht distanziert, sondern innerlich stark. Klar, das war nicht bequem. Viele haben es bemerkt und etwas gesagt. Meine Frau riet mir, mich nicht mit ihm abzugeben, ihn gehen zu lassen. Ich habe es ja bereits gesagt: Genau das wollte ich tun.

Aber die Ereignisse sind aus dem Ruder gelaufen. Die Menge drohte außer Kontrolle zu geraten. Alle schrien „Kreuzige ihn! Kreuzige ihn!" Diesen Mann, den sie ihren König nannten. Diesen Mann, über dessen Kommen sie sich so gefreut hatten. „Weg mit ihm", schrien sie.

„Tu deine Pflicht gegenüber Rom. Er bedroht eure Autorität. Tötet ihn."

Selbst die eigenen religiösen Führer hatten Angst vor ihm. Das konnte man sehen. Aber sie hatten auch Angst vor der Reaktion der Masse, wenn sie ihn selbst verurteilt hätten – und das hätten sie tun können. Er wäre nicht der erste gewesen, den sie gesteinigt hätten. Aber sie wollten, dass wir dieses Problem lösen. Sie wollten ihre Hände in Unschuld waschen.

Schon komisch. Ich kann kaum glauben, dass ich Ihnen das hier erzähle. Denn genau das wollte ich auch: meine Hände in Unschuld waschen. Dieser Mann hat mich unruhig gemacht. Und ich habe ihm so viele Möglichkeiten geboten, den Kopf aus der Schlinge zu ziehen. Es war fast, als wäre er entschlossen gewesen zu sterben. Als hätte er gewollt, dass sich die Nägel in sein Fleisch bohren.

Nach einer Weile sprach er fast gar nicht mehr mit mir. Ignorierte meine Fragen. Sprach über ein Königreich, das über das römische Reich hinausging. Dann schwieg er. Und hatte sich selbst das Urteil gesprochen mit diesem kleinen, trotzigen Versuch des Widerstandes. Denn es gab kein Königreich. Er hatte keine Macht. Seine Nachfolger hatten ihn verlassen, und die Menge schrie nach seinem Blut. Letztendlich war ich es, der ihn zu retten versuchte. „Verstehst du nicht?", fragte ich ihn direkt ins Gesicht. „Weißt du nicht, dass es in meiner Macht steht, dich freizulassen, aber dass ich auch die Macht habe, dich kreuzigen zu lassen?" Und dann – man muss diese Respektlosigkeit eigentlich bewundern – sagte er:

„Du hättest keine Macht über mich, wenn sie dir nicht von oben gegeben wäre. Deshalb trägt der, der mich dir übergeben hat, eine größere Schuld." Obwohl, wie gesagt, eigentlich war es nicht respektlos; und es war ganz sicher mehr als Trotz. Es war verrückt. Aber er war nicht verrückt, das hat mich an diesem Mann so durcheinandergebracht. Es war, als gäbe es da etwas in ihm, das ihn stark machte, vorwärts trieb und ihm die Kraft verlieh, sich mir entgegenzustellen, sich Rom entgegenzustellen und selbst seiner eigenen geistlichen Obrigkeit; so sehr, dass man den Eindruck hatte, er würde das Kreuz, das wir ihm gaben, selbst ergreifen. Es festhalten. Als ob er es nicht allein für sich selbst tun würde.

Deshalb wollte ich ihn freilassen. Dieser Barabbas, den das Volk plötzlich so unbedingt retten wollte, war ein Monster, ein Mörder, eine Bedrohung. Aber der lebt und dieser Jesus – der König der Juden – stirbt. Ein Sünder gerettet. Ein guter Mensch – ein Sohn Gottes – getötet. Was macht das für einen Sinn?

Aber ich übernehme nicht die Schuld dafür. Ich habe laut und deutlich gesagt, dass ich keine Schuld an ihm finde. Ich habe das Volk entscheiden lassen.

Ich habe mir sogar eine Schüssel mit Wasser bringen lassen, damit ich meine Hände vor ihren Augen waschen konnte. „Ich bin unschuldig am Blut dieses Menschen!", habe ich gesagt – und bin gegangen.

Was hätte ich denn tun können? Es hätte sonst einen Aufstand gegeben.

Wenn Sie also einen Schuldigen möchten, einen Sünden-
bock, wenn Sie jemanden suchen, der sagt „Ich war es,
der die Nägel in seine Hände geschlagen hat, ich bin
schuld, ich habe ihn getötet", dann schauen Sie nicht
mich an; meine Hände sind rein. Schauen Sie auf seine
eigenen Leute, auf die jüdischen Anführer. Schauen Sie
auf diejenigen, die ihn mir übergeben haben. Sie trifft
die größere Schuld, sie halten die Nägel in der Hand.
Sprechen Sie mit Hannas. Sprechen Sie mit dem Hohenpriester Kajafas. Er hasste Jesus. Seine Macht war
bedroht, nicht meine: Jesus hätte Rom niemals gestürzt,
hätte aber diese lächerliche Farce ihres eigenen religiösen Gehabes ins Wanken bringen können. Ich bin unschuldig. Das Blut dieses Menschen klebt nicht an meinen Händen. Verstehen Sie das nicht? Unschuldig. Und
jetzt lassen Sie mich in Ruhe.

Herr,
wenn ich stolz auf meine eigene Unschuld blicke,
mich weigere, die Konsequenzen
meines Handelns zu tragen
und meine, den Schlaf der Gerechten
schlafen zu können,
dann rüttele mich wach.
Zeige mir, worauf es ankommt
Wisch weg die Schutzschicht meiner Einbildung
mit den Tränen der unzähligen Weinenden,
der Verzweifelten
und der Verlassenen.
Decke schonungslos auf, was mein Anteil daran ist.
Und dann, Herr,
mach mein Herz offen für deine Weisheit
und reinige mich von innen heraus.
Amen.

Kapitel 4

KAJAFAS

Die, die Jesus festgenommen hatten, führten ihn zum
Hohenpriester Kajafas, wo bereits die Schriftgelehrten
und die Ältesten versammelt waren. Petrus folgte Jesus
in einiger Entfernung bis zum hohepriesterlichen Palast.
Er ging in den Innenhof und setzte sich zu den Dienern,
um zu sehen, wie alles ausgehen würde. Die führenden
Priester und der gesamte Hohe Rat suchten nun nach
einer falschen Zeugenaussage gegen Jesus, die es rechtfertigen würde, ihn zum Tod zu verurteilen. Doch sie
konnten nichts finden, obwohl viele falsche Zeugen gegen ihn aussagten. Schließlich traten zwei Männer vor
und erklärten: „Dieser Mensch hat behauptet: ‚Ich kann
den Tempel Gottes niederreißen und in drei Tagen wieder aufbauen.'" Der Hohepriester erhob sich und fragte
Jesus: „Hast du darauf nichts zu sagen? Wie stellst du
dich zu dem, was diese Leute gegen dich vorbringen?"
Aber Jesus schwieg. Da sagte der Hohepriester zu ihm:
„Ich nehme dich vor dem lebendigen Gott unter Eid.
Sag uns: Bist du der Messias, der Sohn Gottes?" – „Du
selbst hast es ausgesprochen", erwiderte Jesus. „Und ich
sage euch: Von jetzt an werdet ihr den Menschensohn
an der rechten Seite des Allmächtigen sitzen sehen, und
ihr werdet sehen, wie er auf den Wolken des Himmels
kommt." Da zerriss der Hohepriester vor Empörung
sein Gewand und rief: „Das ist Gotteslästerung! Wozu
brauchen wir noch Zeugen? Ihr habt ja selbst gehört,

wie er Gott gelästert hat. Was ist eure Meinung?" – „Er muss sterben!", antworteten sie. Dann spuckten sie ihm ins Gesicht und schlugen ihn mit Fäusten. Einige gaben ihm Ohrfeigen und sagten: „Messias, du bist doch ein Prophet! Sag uns: Wer hat dich geschlagen?"

Matthäus 26,57-68

Sorge dafür, dass die Flut mich nicht überschwemmt
und die tiefen Strudel mich nicht verschlingen,
möge der Brunnen mich nicht für immer
  in seinem Schlund begraben!

Antworte mir, Herr, denn deine Gnade
ist wohltuend!
Wende dich mir zu in der ganzen Fülle
deines Erbarmens.
Verbirg dein Gesicht nicht vor mir, deinem Diener,
denn mir ist angst und bange.
Antworte mir doch rasch!
Schenk meiner Seele deine Nähe und erlöse mich,
befreie mich meinen Feinden zum Trotz!
Du weißt, wie viel Spott und Verachtung ich ernte,
welche Schande ich ertragen muss.
Alle meine Widersacher sind dir vor Augen.
Der Hohn hat mir das Herz gebrochen,
ich verzweifle.
Ich hoffte auf Mitleid – es gab keins.
Ich sah mich um nach Tröstern –
es waren keine zu finden.
Man gab mir Galle zur Speise,
und Essig reichte man mir zu trinken,
  als ich durstig war.

Psalm 69,16-22

In Situationen wie dieser ist es leicht, sich – wie soll ich sagen – von der Welle der Emotionen davontragen zu lassen, mitzuschwimmen im Strom der allgemeinen Sympathie und Toleranz. Aber irgendwann bricht die Welle, das ist sicher. Und dann braucht es jemanden, der weiter sehen kann; der in der Lage ist, diesen Mann und dieses Ereignis in einen größeren Kontext zu setzen. Das ist meine Aufgabe. Dieser jemand bin ich.

Fakten, sagen Sie, was sind die Fakten? Sehr gute Frage, in der Tat. Aber jeder Zeuge sagt ein bisschen was anderes. Wem soll man also glauben? Ja, die Geschichten waren hilfreich und interessant. Sie hinterlassen den richtigen Eindruck – Betroffenheit, Sorge, Unwohlsein. Aber dann gibt es die, die hinter die Fakten schauen, auf das Motiv, auf das größere Ganze.

Ich möchte Ihnen mal folgendes zu bedenken geben, was diesen Jesus, den sogenannten „König der Juden", angeht. Und ich beziehe mich hier nicht auf das Geblöke von ein paar leichtgläubigen Dummköpfen, die auf seine Wunder und seinen Charme hereingefallen sind – und Charme hatte er, vor allem wenn er Reden hielt, das muss ich zugeben. Ich beziehe mich auf die Schrift: auf das Wort Gottes. Und dieses führt zu seiner Verurteilung. Denn dieser kleine Prediger aus Nazareth, dieser galiläische Messias hat zu dick aufgetragen.

Beantworten Sie mir doch mal diese Frage: Welcher der Propheten hätte jemals auf sich selbst hingedeutet? Sie kennen keinen, oder? Warum? Weil es keinen gab! Sie alle haben immer auf Gott hingewiesen. Selbst dieser lästige Aufrührer Johannes, der so stolz war auf seine wilde Lebensweise an den Rändern der Gesellschaft, wo es leicht war, Anhänger zu finden und positive Schlagzeilen zu machen, selbst der hat auf jemanden verwiesen, der nach ihm kommt. Aber ich stehe nicht an den Rändern der Gesellschaft, ich stehe im Zentrum, auf der Hauptbühne, dort, wo Entscheidungen gefällt und Vereinbarungen getroffen werden. Da liegt meine Verantwortung. Und ich trage sie allein.

Ich sorge dafür, dass wir überleben.

Was soll denn Gutes dabei herauskommen, wenn wir diesem arroganten Nazarener dabei zusehen, wie er das Gewebe unseres sorgfältig gesponnenen Gleichgewichtes zerreißt? Denken Sie, es ist einfach zu überleben mit diesen aufgeblasenen römischen Lackaffen, die jeden unserer Schritte kontrollieren? Diese Ungläubigen. Wir sind denen völlig egal, und der Friede auch. Und ganz bestimmt egal ist ihnen auch Gott. Aber Ordnung, das verstehen sie.

Dieser Jesus, von dem Sie so viel halten, dieser Messias – er hat es zu weit getrieben. Zuerst bewegte er sich am Rand, da konnten wir ihn kontrollieren und in Schach halten und, das muss man zugeben, da war er sogar irgendwie nützlich. Aber wie eine Motte, die dem Licht zu nah kommt, musste er verbrennen, sobald er sich dem Zentrum zu sehr näherte. Und wenn Sie – wie Sie es behaupten – so interessiert daran sind, was genau passiert ist, wenn es Ihnen um die Gerechtigkeit geht, dann machen Sie sich eines klar: Sein Tod hat dem Erhalt der Ordnung gedient, hat bewirkt, dass wir so weitermachen können wie bisher. Und genau das müssen wir tun, darin sind wir gut – im Überleben und Anpassen. Sein Angriff auf unsere Ordnung musste so enden.

Die Schrift hat ihn überführt. In Jerusalem einzureiten auf einem Esel! Den Sabbat zu missachten! Die rechtmäßigen Geschäfte im Tempel zu stören! Und Gott „Vater" zu nennen.

Aber am Schlimmsten ist, dass er auf sich selbst hinwies – und wenn Ihnen alles andere an diesem Fall unverständlich erscheint, dann halten Sie sich an diese eine Tatsache, denn sie legt seine Motive offen. Er hatte die Kühnheit es in meiner Gegenwart zu sagen. Mir, dem Hohenpriester des Tempels, demjenigen, der Gottes An- und Abwesenheit aufzeigt, der im Namen der Menschen in Gottes Gegenwart tritt und den Namen ausspricht, den nicht einmal ich würdig bin in den Mund zu nehmen – keiner von uns ist das! Und er – das ist der Punkt – er hat ihn ausgesprochen. In meiner Gegenwart. Hat gewagt zu sagen „Ich bin". Als ob bei ihm zu sein das Gleiche sei, wie in der Gegenwart Gott zu sein. Und dafür verachte ich ihn. Dafür, dass er an die Wurzel unseres Glaubens gerührt hat. Diesen Tempel in drei Tagen zerstören. Ja, er war eine Bedrohung für den Kern unseres Glaubens, unseres Überlebens. Also war es besser, dass er starb.

Gerechtigkeit! Schuld! Kommen Sie mir nicht mit diesen Dingen, wenn unsere Existenz auf dem Spiel steht. Und fragen Sie nicht nach einer Entschuldigung. Meinen Sie wirklich, die Römer hätten ihm noch viel länger freie Hand gelassen? Ganz bestimmt nicht. Wir haben lediglich das ohnehin Unvermeidbare beschleunigt. Wir haben ein paar Fäden gezogen. Es war für uns alle besser, dass wir die Dinge zum Abschluss gebracht haben. Ans Kreuz genagelt.

In Zukunft wird sich keiner mehr an ihn erinnern. Aber wir werden weiter bestehen.

Sie möchten jemanden finden, der schuld ist. Nur zu verständlich. Es ist, sagen wir mal, vernünftig. Wenn ich nichts sonst erreicht habe – aber das habe ich nun wirklich soeben bewiesen: Ich bin ein vernünftiger Mensch. Ich betrachte die Dinge im Kontext. Ich tue das Richtige für das Überleben unseres Volkes. Ich denke langfristig. Es ist vernünftig, dass Jesus starb.

Es ist besser, dass ein Mensch stirbt. Es ist ratsam. Oder hätten Sie es vorgezogen, dass das ganze Volk zugrunde geht? Es gab keine andere Option. Er musste gehen.

Und als es so weit war, als er ging, da haben sogar seine eigenen Anhänger sich gegen ihn verschworen. Das ist eine weitere wichtige Tatsache: Alles begann auseinanderzufallen. Die Risse begannen sich zu zeigen. Nicht einmal diese beschränkten Bauern, die ihm nachfolgten, konnten die Gotteslästerung schlucken. Und der eine unter ihnen, der ein bisschen heller war, sah den Schrecken, der darin lag – den Schaden, den er anrichten würde, – und tat das einzig Vernünftige.

Wenn Sie also jemanden suchen, der Schuld hat am Tod Jesu, dann sprechen Sie mit seinem guten Gefährten Judas. Und tun Sie es bitte nicht den großen Lästermäulern der Gesellschaft gleich und nennen ihn „den Verräter". Denn wenn Ihnen auch nur ein wenig am Überleben unseres Volkes liegt, dann müssen Sie ihn sehen als das, was er war: als Ihren Retter.

Herr,
wenn ich mich zu sicher fühle,
alles klar zu sein scheint und die Würfel
    bereits gefallen sind,
und ich im Leben meinen Weg gehe,
ohne nach rechts oder links zu schauen,
dann überwinde mich.
Zieh mir den Teppich unter den Füßen weg.
Irritiere mich.
Denn meine Hoffnung liegt in meinem Scheitern.
Hab Mitleid mit mir aufrechtem Menschen,
der niemals stolperte.
Hab Erbarmen mit mir Sünder, der niemals sündigte.
Verbinde meine Wunden, der ich von meinen
Verwundungen nichts weiß,
und zwinge den Läufer in mir zur Umkehr,
der sich auf der Ziellinie
schon ausstreckt nach dem Siegerkranz,
aber nichts weiß von dem Elend, das er hinterlässt,
von den Füßen, auf die er getreten ist,
von den falschen Wegen, die er genommen hat.
Nimm mich in Besitz, denn ich bin besessen.
Besiege mich, denn ich bin besiegt.
Irritiere mich, denn ich bin irritiert.
Erst wenn ich aufhöre, nur mich selbst zu sehen
und das von mir gewebte Bild meiner eigenen Pläne,
erst dann, Herr,
werde ich dich sehen als das, was du bist,
und ich mich selbst, wie du mich haben willst.
Amen.

Kapitel 5

JUDAS

Als Judas sah, dass sein Verrat zur Verurteilung Jesu geführt hatte, bereute er seine Tat. Er brachte den führenden Priestern und den Ältesten die dreißig Silberstücke zurück und sagte: „Ich habe gesündigt, ich habe einen unschuldigen Menschen verraten." – „Was geht uns das an?", erwiderten sie. „Das ist deine Sache!" Da nahm Judas das Geld und warf es in den Tempel. Danach ging er weg und erhängte sich. Die führenden Priester nahmen die Silberstücke an sich und sagten: „Dieses Geld darf man nicht zum Tempelschatz legen, weil Blut daran klebt." Sie berieten über die Sache und kauften dann von dem Geld den so genannten Töpferacker als Friedhof für die Fremden. Dieses Stück Land heißt daher bis heute „Blutacker". Damals erfüllte sich, was durch den Propheten Jeremia vorausgesagt worden war: „Sie nahmen die dreißig Silberstücke – den Preis, den die Israeliten für ihn festgesetzt hatten – und kauften davon den Töpferacker, wie mir der Herr befohlen hatte."

Matthäus 27,3-10

Lass mich deinem Herzen nahe sein,
so wie der Siegelring auf deiner Brust.
Ich möchte einzigartig für dich bleiben,
*   so wie der Siegelreif um deinen Arm.*
Unüberwindlich wie der Tod, so ist die Liebe,
und ihre Leidenschaft so unentrinnbar
*   wie das Totenreich!*
Wen die Liebe erfasst hat, der kennt ihr Feuer:
Sie ist eine Flamme Gottes!
Mächtige Fluten können sie nicht auslöschen,
*   gewaltige Ströme sie nicht fortreißen.*
Böte einer seinen ganzen Besitz,
um die Liebe zu kaufen,
*   so würde man ihn nur verspotten.*

                                    Hohelied 8,6-7

Ich muss das erklären. Ihr müsst das verstehen. Es ist nicht so, wie es aussieht.

Wir hatten alle so große Hoffnungen – wahrscheinlich zu große. Aber wir dachten wirklich, dass Jesus unser Volk befreien könnte. Die römischen Fesseln zerreißen, unserem Volk sein Selbstvertrauen zurückgeben, uns dabei helfen, uns wieder als Gottes – auserwähltes – Volk zu fühlen und wieder eine mächtige Nation zu werden.

Am Anfang war alles so gut. Ich habe tatsächlich geglaubt, dass Jesus der Messias Gottes sein könnte. Er sprach mit Vollmacht. Er kannte sich in der Schrift aus. Es war das erste Mal, dass ich einen Menschen kennenlernte, der sich so nach dem Reich Gottes sehnte, wie ich es tue. Nicht wie die jüdischen Anführer mit ihrer Diplomatie und ihrem Takt – immer um Kompromisse bemüht. Sie sind feige Bürokraten und hemmen uns nur. Aber Jesus war anders, und es sah so aus, als würde er es mit ihnen aufnehmen, uns voranbringen.

Aber dann änderte sich alles. Er sprach plötzlich wie einer, der mehr war als Gesalbter, als wäre er Gott selbst; als hätte er ein bestimmtes Ziel von Gott bekommen. Wahrscheinlich hat er das auch, denke ich. Aber nicht so. Er sprach in Rätseln von im Boden sterbenden Samen und dann zu einigen von uns ganz direkt über seinen eigenen Tod. Sagte, dass er, wenn alles so weiter ginge wie bisher, leiden müsse und sterben. Ich protestierte: Wofür sollte sterben gut sein? So sagte ich. Was hilft es, wenn er leidet? Gibt es nicht schon genug Leid in der Welt? Genug Elend? Was wir brauchen sind Taten.

Wir brauchen jemanden, der die Menschen inspiriert und führt. Wir wollen keinen, der für sie stirbt, ganz gleich wie gut er ist; oder auch nicht ist. Aber Jesus war unerbittlich, gab nicht nach. Er sprach über Liebe, über Liebe bis zum Schluss. Auf mich wirkte das eher wie eine Kapitulation.

Leiden? Sterben? Lieben? Selbst wenn du mit dem Gesicht im Dreck liegst? Wie soll das zum Frieden führen? Es stärkt doch nur den Arm deiner Feinde. Und sieht aus wie Schwäche. Das habe ich ihm gesagt. Ich habe ihm gesagt, dass sie Schwäche verachten und sie gnadenlos ausnutzen werden. Er lachte nur. Lachte tatsächlich. Ich will, dass ihr sanftmütig seid, nicht schwach, antwortete er mir. Er verstand einfach nicht. Als wir uns auf den Weg nach Jerusalem machten, fühlte ich mich mit jedem Tag weiter von ihm entfernt. Ich konnte den Weg, den er gehen wollte, nicht verstehen.

Gestern Abend dann erreichte die Situation ihren Höhepunkt. Wir hatten alles für das Passahfest vorbereitet. Aber bevor wir uns zum Essen niedersetzten, nahm er sich ein Handtuch und eine Schüssel mit Wasser und wusch uns die Füße. Ganz ehrlich! Es war so erniedrigend. Petrus verzog das Gesicht vor Verlegenheit und hatte wenigstens den Mut zu protestieren. Aber wir anderen? Wir waren wie Lämmer, die zur Schlachtbank geführt werden. Wir ließen es zu, dass er uns bediente, dabei brauchen wir ihn als den, der uns führt. Wir brauchen ihn, damit er den Menschen eine Vision von Veränderung vermittelt. Wir brauchen Klarheit. Und was tut er? Wäscht unsere Füße. Sagt uns, dass, wir das Gleiche tun sollen; dass wir einander lieben sollen. Natürlich, einander lieben ist etwas Feines, aber die Welt braucht nicht mehr Liebe, sie braucht Veränderung, Anleitung, Taten. Und dann, als er das Brot brach, habe ich ihn überhaupt nicht mehr wiedererkannt. Er war jemand anders. Sagte all das Zeug von Leiden und Sterben noch einmal: „Dieses Brot ist mein Leib, dieser Wein ist mein Blut". Für mich war das der Tropfen, der das Fass zum Überlaufen brachte. Wollte er denn getötet werden? Würde er weiter lieben, selbst wenn sie ihn gefangen nehmen, ihn an eins ihrer Kreuze nageln würden? Ich glaube nicht.

Um ehrlich zu sein glaube ich, dass er meine Abscheu gesehen, vielleicht sogar erraten hat, was in meinem Kopf vorging. Er sagte etwas davon, dass einer von uns, mit denen er das Brot teilte, ein Verräter sei.

An dem Punkt bin ich gegangen. Ich habe nichts verraten. Ich war all dem treu, was wir glaubten; er war es, der sich verändert hatte. Wir hatten alles zurückgelassen, um ihm zu folgen und jetzt sah es so aus, als wäre ihm das egal, als würde er die Kontrolle ganz absichtlich aus den Händen geben. Er war so tatkräftig, so entschieden gewesen – und jetzt plötzlich war er passiv, ließ alles um sich herum einfach geschehen. Ich hielt es nicht mehr aus. Ich musste eine Entscheidung herbeiführen, musste herausfinden, was er wirklich dachte. Und, ja, Kajafas und Hannas waren bereits mit mir in Kontakt getreten. Ich hatte schon mit ihnen gesprochen. Aber ich bin nicht auf ihrer Seite; das müsst ihr mir glauben. Ich stehe auf keiner Seite. Ich tat es, damit die Wahrheit ans

Licht kommt. Ich weiß, es klingt hart, aber die Wahrheit ist, dass er nicht das ist, was er zu sein denkt; er ist nicht der Messias, der er sein sollte. Nicht der Messias, den wir brauchen.

Denn man verändert die Welt nicht, indem man seine Feinde liebt oder die andere Wange hinhält. Man verändert die Welt nicht einfach durch Liebe. Und auch nicht dadurch, dass man den Menschen die Füße wäscht.

Es war vorbei und plötzlich wirkte er auf mich ganz klein, wie ein Hochstapler. Also sagte ich ihnen einfach, wo sie ihn finden könnten.

Als wir dort ankamen, war es so dunkel und er wirkte so klein und schwach, dass sie ihn unter den vielen Menschen gar nicht erkennen konnten. Also ging ich zu ihm und küsste ihn. Ich zeigte ihnen, wen sie festnehmen mussten. Stolz bin ich nicht darauf. Auf den Kuss. Aber er musste fortgeschafft werden. Es war seine letzte Chance und er hat sie vertan. Er sagte nicht ein einziges Wort.

Was danach passierte, habe ich nicht gesehen. Ich war weit weg. Aber seltsam: Er hat tatsächlich weiter geliebt, hat weiter seine Wange hingehalten – selbst als die Nägel seine Hände durchbohrten. Genau das sagen die Leute: Er hat geliebt bis ans Ende. Merkwürdig. Und mir ist kalt, als ob der Schatten des Kreuzes auf mir läge.

Und jetzt wollt ihr mir die Schuld dafür geben. Wollt, dass der Gerechtigkeit Genüge getan wird, dass jemand die Schuld auf sich nimmt. Aber es ist sein Werk. Genau dahin führt Liebe. Und ändern kann sie nichts ... oder doch?

Schaut in den Spiegel, wenn ihr einen Schuldigen möchtet. Wälzt nicht alles auf mich ab. Habt ihr nicht gehört, was all die anderen gesagt haben? Ihr habt ihn freudig empfangen – jeder Einzelne von euch – habt Hosanna gesungen und mit Palmzweigen gewedelt. Habt euch so gefreut, ihn zu sehen. Innerhalb von nur wenigen Tagen habt ihr ihn zum Himmel gehoben und in den Staub getreten. Ihr habt nach seinem Blut geschrien. Ihr wolltet seinen Tod und habt in grimmiger Befriedigung gelächelt, als er seinen letzten Atemzug getan hat.

Wenn Ihr jemanden wollt, der am Tod Jesu schuld ist, dann schaut auf euch selbst, nicht woanders hin. Es war genauso eure Sünde, euer Stolz, eure Weigerung zu lieben wie meine, die ihn dorthin gebracht hat. Hört auf, es zu leugnen. Ihr habt die Nägel eingeschlagen: Jede Einzelne, jeder Einzelne von euch.

Herr,

wenn Dunkelheit mich zu überwältigen,
die Verstiegenheit meiner eigenen
Schlussfolgerungen mich zu ersticken droht;
wenn es keinen gibt, an den ich mich wenden kann,
alle Brücken hinter mir niedergebrannt sind
und mein letzter Trumpf bereits gespielt ist,
dann spüre mich auf.
Hol mich ein.
Ich weiß, dass ich ständig renne.
Ich scheine gar nichts anderes mehr tun zu können.
Selbst die Richtung, in die ich unterwegs bin,
ist mir egal geworden.
Nur anhalten kann ich nicht.
Sei du für mich da –
in den stillen Momenten selbstauferlegter Hölle,
wenn sich der Strick um meinen Hals legt
und die Aasgeier sich versammeln.
Du bist meine einzige Hoffnung.
Das habe ich immer gewusst,
konnte dir aber dennoch nie folgen.
Jetzt, Herr,
würde ich gerne dein Brot essen,
jetzt, da ich wenigstens hungrig bin:
Gib mir dich selbst zur Speise.
Amen.

Kapitel 6

MARIA MAGDALENA

Um zwölf Uhr mittags brach über das ganze Land eine Finsternis herein, die bis drei Uhr nachmittags dauerte. Um drei Uhr schrie Jesus laut: „Eloi, Eloi, lema sabachtani?" (Das bedeutet: „Mein Gott, mein Gott, warum hast du mich verlassen?" Einige der Umstehenden sagten, als sie das hörten: „Seht doch, er ruft Elia!" Einer holte schnell einen Schwamm, tauchte ihn in Weinessig, steckte ihn auf einen Stab und hielt ihn Jesus zum Trinken hin. „Wartet", rief er, „wir wollen sehen, ob Elia kommt, um ihn herabzuholen!" Jesus aber stieß einen lauten Schrei aus; dann starb er. Da riss der Vorhang im Tempel von oben bis unten entzwei. Als der Hauptmann, der beim Kreuz stand, Jesus so sterben sah, sagte er: „Dieser Mann war wirklich Gottes Sohn."

Es waren auch Frauen da, die von weitem zusahen. Unter ihnen befanden sich Maria aus Magdala, Maria, die Mutter von Jakobus dem Jüngeren und von Joses, sowie Salome – Frauen, die Jesus schon gefolgt waren und ihm gedient hatten, als er noch in Galiläa war. Auch viele andere Frauen waren da, die mit ihm nach Jerusalem hinaufgezogen waren.

Markus 15,33-41

Ich schlief, doch mein Herz war wach.
Da, es klopft! Mein Liebster kommt!
Mach auf, mein Mädchen, meine Freundin,
meine Liebste, meine Vollkommene!
Mach auf, denn mein Haar ist nass vom Tau
der Nacht.
Ich habe mein Kleid schon ausgezogen,
soll ich es deinetwegen wieder anzieh'n?
Meine Füße habe ich schon gewaschen,
ich würde sie nur schmutzig machen.
Jetzt streckt er seine Hand durch die Öffnung
in der Tür.
Mein Herz schlägt bis zum Hals,
weil er in meiner Nähe ist.
Ich springe auf und will dem Liebsten öffnen;
meine Hände greifen nach dem Riegel,
sie sind voll von Myrrhenöl.
Schnell öffne ich die Tür für meinen Liebsten,
doch weg ist er, spurlos verschwunden.
Entsetzen packt mich: Er ist fort!
Ich suche ihn, doch ich kann ihn nirgends finden;
ich rufe laut nach ihm, doch er gibt keine Antwort.
Bei ihrem Rundgang
greifen mich die Wächter auf.
Sie schlagen und verwunden mich,
sie reißen mir das Kopftuch weg.
Ihr Mädchen von Jerusalem, ich beschwöre euch:
Wenn ihr meinen Liebsten findet,
dann sagt ihm,
dass ich krank vor Liebe bin.

Hohelied 5,2-8

Ich habe den ganzen Tag gewartet. Der Sonne ist langsam ihre Bahn über den Himmel gezogen, und ich habe gewartet. Ich stand im Schatten, abseits von der Menge, als sie schrien und spotteten. Ich sah den Hass in ihren Augen. Und ließ mich von ihnen mitziehen durch die verwinkelten Straßen zur Stadtmauer. Ich sah, wie es geschah. Sah, wie sie ihn auf dem Kreuz ausstreckten. Sah, wie sie die Nägel einschlugen, wie sie das Kreuz aufstellten. Und die ganze Zeit dieses Schreien in meinen Ohren. Menschen, die ihn laut beschimpften. Die Witze machten. Alle waren völlig überdreht.

Aber der Tod kommt nur langsam. Und während ich da stehe, bewegungslos, wie festgenagelt, meinen Blick fest auf ihn gerichtet, entfernen sich alle anderen immer mehr.

Er sagt nichts mehr. Kein Wunder geschieht, es gibt kein Feuerwerk. Nur die Sonne, die langsam am Himmel dahinzieht, die erdrückende Hitze und er, dessen Leben sich dem Ende zuneigt, so als ob man eine Saite aufspannt, fester und fester, bis sie einfach reißt. Genau das geschah mit ihm, und ich konnte es nicht aufhalten. Ich stand nur da und wartete und schaute. Es war das Letzte, was ich ihm geben konnte; ihm, der mir so viel gegeben hatte. Der mir meine Würde zurückgegeben hatte. Der mich so sah, wie ich bin. Er heilte mich nicht mit einer spektakulären Demonstration von Macht, sondern durch Bestätigung und Liebe. Er machte wieder einen Menschen aus mir, sah, was ich sein konnte, und richtete mich auf.

Und nun ist er da gelandet. Aufgerichtet und erhöht, wie er es gesagt hatte; jedoch ist niemand dadurch zu ihm hingezogen worden [Anspielung auf Johannes 12,32]. Nur wenige von uns sind übrig geblieben. Schauend und wartend.

Als die Soldaten ihm die Nägel einschlugen, wandte er sich ihnen zu und vergab ihnen. Und er wollte nicht einmal mit Pilatus oder Kajafas oder irgendjemand anders diskutieren, als ob er wusste, dass es bei dem, was ihm geschah, nicht nur um sie ging und die Schuld deshalb nicht bei ihnen lag. Er ließ auch Judas tun, was er tun würde, obwohl er es wusste. Und ein letztes Mal rettete er Petrus vor sich selbst und hinderte ihn daran, sein Schwert zu schwingen, als ob er ganz allein gegen das römische Imperium antreten könnte.

Genau das hat Jesus getan. Er ist für uns alle angetreten. Ich sehe es in seinem Sterben. Genau deshalb fühle ich mich so elend, so zutiefst müde. Er liebt weiter. Die Liebe ist die reine, unaufhaltsame Kraft, die hinter allem steht. Das ist für mich der Sinn des heutigen Tages. Während dieser ganzen Woche, die einer Achterbahn glich, und besonders während dieser letzten Stunden hörte er keinen Augenblick auf zu lieben. Selbst als es viel Stärke brauchte, noch zu lieben; als die Wahrheit gesagt werden musste; als er keine Optionen mehr übrig hatte, keine Macht, die er nutzen konnte, selbst da liebte er. Darum flohen sie alle. Seine Liebe ist zu gewaltig. So allumfassend. So einschüchternd. Sie wirft einen Schatten, der selbst den der Sonne an Länge und Tiefe übertrifft, so hell ist ihr Licht. Und ich musste dieses Licht einfach immer weiter anschauen, bis es unterging, bis unser Hass, unsere Gier, unser Neid, unsere Bosheit es ausgelöscht hatten. Am Ende kam nur noch murmelndes Beten von seinen Lippen, ein Aufschrei gegenüber dem Gott, der ihn verlassen hatte.

Jeder wird jetzt versuchen, einen Schuldigen für diese Geschichte zu finden; für diese dumme Verschwendung von Leben, für diesen Angriff auf die Liebe; für das Töten des Mannes, der mir Menschlichkeit gezeigt hat, der mir Gott gezeigt hat auf eine Art und Weise, wie ich ihn nie vorher gesehen hatte. Sie werden sich anstellen, um wie Pilatus ihre Hände in Unschuld zu waschen. Ich aber weiß, wer die Schuld trägt. Ich weiß es und bin gleichzeitig dadurch befreit. Denn ich war es. Ich habe zugesehen, wie sie ihm das Kreuz auf die Schultern geladen und die Nägel in seine Hände geschlagen haben, und es war, als hätte ich es selbst getan. Ich hielt die Nägel in meinen Händen. Ich nahm sie zwischen die Finger und ließ den Hammer darauf niederschmettern.

Es war mein Unverstand, mein Stolz, mein Neid, meine Bosheit, die im Weg standen, die alles falsch verstanden, die ihn da oben hingebracht hatten. Jedes davon ist einer der eingeschlagenen Nägel. Und ich meine nicht nur mich, sondern all die „Ichs", die die Menschenmenge ausmachen, die die Welt bevölkern. Verantwortung übernehmen aber kann ich nur für meinen eigenen Anteil. Deshalb schaue ich zu. Darum warte ich immer noch hier.

Wir wussten nicht, wie wir mit solch einer Liebe umgehen sollten. Also haben wir sie zerstört. Aber während ich da stand und zum Kreuz hinaufschaute, fühlte ich mich gleichzeitig überführt und erleichtert.

Sie haben ihn heruntergenommen. Jetzt sehe ich nur noch das leere Kreuz, die Stelle, an der er gehangen hat. Ihn selbst sehe ich nicht mehr. Aber seine Liebe ist geblieben. Bis ans Ende. Bis hin zum Tod, selbst als alles und alle ihn abgelehnt hatten und er allein blieb im letzten Kampf seines verlöschenden Lebens, war die Liebe noch da. Ich weiß nicht, was das für mich in Zukunft bedeuten wird und was daraus Gutes entsteht. Aber ich sehe es deutlich: Für meine Sünden hat er dort gehangen und gelitten. Und irgendwie habe ich durch die Beharrlichkeit seiner Liebe die Freiheit gewonnen, selbst wieder zu lieben.

Also haben Sie Nachsicht mit mir. Sie dürfen auch ruhig über mich lachen, wenn Sie möchten. Aber ich werde weiter warten. Ich werde versuchen, weiter zu lieben. Irgendwie möchte ich mich selbst dort oben ans Kreuz hängen. Aber das muss ich nicht mehr. Er hat es für mich getan. Er hat all die Sünden – all die Nägel – genommen, hat sie aufgehoben, an sich genommen und verwandelt. Das ist es, was ich in seinem Tod gesehen habe und ich möchte vor Trauer weinen darüber, dass wir so stur und dumm sein konnten; und vor Freude darüber, dass eine Liebe wie diese in unsere Herzen gekommen ist.

Jetzt begraben sie ihn. Und bald wird die Sonne untergehen und der Tag ist vorbei. Es ist kühler geworden, die

Welt sieht ein bisschen dunkler aus. Morgen ist Sabbat. Aber ich bin hier noch nicht fertig. Ich werde warten, und wenn der Sabbat vorbei ist, werde ich ihm meinen Respekt zollen, werde meine Pflicht tun und meinen Dank bringen. Ich werde ihn noch einmal salben, seinen Körper für den Tod bereiten. Hört also auf, mit dem Finger auf jemanden zu zeigen und wartet mit mir. Spürt den Nagel in eurer eigenen Hand und empfangt dieses atemberaubende Geschenk beharrlicher Liebe, ausgegossen in seinem Tod. Gebrochen für Euch.

Herr,
ich weiß nicht, wie ich beten soll
und erst recht nicht, worum ich bitten soll.
All meine Energie ist verbraucht,
ich kann nicht mehr weinen,
mein Herz ist leer.
Ich sehe deine Schönheit
und ich sehne mich danach,
wieder die feste Gewissheit zu haben,
dass du da bist.
Aber ich kann dich nicht mehr finden,
dort, wo du gewesen bist.
Und in den unfassbaren Augenblicken deines Gehens
ist mir all das, was einmal gewiss war,
durch die Finger geglitten
und zusammen mit deinem Blut und meinen Tränen
im Rinnstein verschwunden.
Hilf mir dabei zu warten.
Verankere in meinem Herzen das Wissen
um deine Schönheit
und die Zuversicht auf das, was deine Gegenwart
mit sich bringt.
Leite mich auf dem Weg, der zum Leben führt;
stärke meinen Schritt auf diesem Weg.
Hebe meine Augen auf zu neuen Horizonten
und mach, dass ich dich dort suche,
ganz gleich, was auch kommen mag.
Denn ich glaube fest daran, dass du der Retter
der Welt bist
und wir durch dein Kreuz geheilt sind.
Amen.

Teil Zwei:

FREITAG, ABEND

Kapitel 7

DIE FRAU DES PILATUS

Nun war es so, dass der Gouverneur zum Passafest einen Gefangenen freizulassen pflegte, den das Volk selbst bestimmen durfte. Damals war gerade ein berüchtigter Aufrührer im Gefängnis; er hieß Jesus Barabbas. Pilatus fragte deshalb das Volk, das sich versammelt hatte: „Wen soll ich euch freigeben: Jesus Barabbas oder den Jesus, von dem man sagt, er sei der Messias?" Denn er wusste genau, dass man Jesus nur aus Neid an ihn ausgeliefert hatte. Während Pilatus auf dem Richterstuhl saß, ließ seine Frau ihm ausrichten: „Lass die Hände von diesem Mann, er ist unschuldig! Ich habe seinetwegen heute Nacht im Traum viel Schweres durchgemacht."

Matthäus 27,15-19

Denn der Herr ist gut zu dem, der ihm vertraut
und ihn von ganzem Herzen sucht.
Darum ist es das Beste, geduldig zu sein
und auf die Hilfe des Herrn zu warten.
Und es ist gut für einen Menschen,
wenn er schon früh lernt, Schweres zu tragen.
Wenn Gott ihm die Last auferlegt,
soll er sich darunter beugen und ruhig bleiben.
Geduldig ertrage er sein Leid,
vielleicht gibt es noch Hoffnung.
Wenn er geschlagen wird,
soll er die Wange hinhalten
und die Demütigung ertragen.

Klagelieder 3,25-30

Manche Leute erinnern sich nie an ihre Träume. Wenn sie aufwachen, sind sie erst noch da, vollständig ausgeformt, bildhaft und lebendig, und beim nächsten Atemzug sind sie weg. Sie fallen wie ein Gehenkter durch die Falltür des plötzlich erwachten Bewusstseins, um nie wieder aufzutauchen. Oder wie eine Münze, in einen Brunnen geworfen, die so tief hinunterfällt und verschwindet, dass sogar das leise Klatschen beim Aufprall ungehört verstreicht und für immer verloren ist, und damit das letzte Erfassen der Tatsache, dass sie jemals real genug war, um in der Hand gehalten werden zu können. Manchmal bleibt ein leises Flüstern, so wie der Hauch eines Duftes, der einen für einen Augenblick in die ferne Vergangenheit versetzt, ohne dass man ihn greifen kann. Es ist da und wieder fort in einem einzigen Augenblick. So war es bei ihm. Meinem Mann.

Manchmal schrie er auf in der Nacht. Dann wusste ich, dass er träumt. Ich wusste, dass seine Träume genauso real waren, wie die anderer. Manchmal wimmerte er wie ein Kind. Träumend, verstört, zitternd und schluchzend; und noch beim Aufwachen untröstlich: trauernd um all die Dinge, an die er sich nicht erinnern konnte, lediglich mit dem dumpf schmerzenden Bewusstsein, dass da etwas Greifbares gewesen war.

Bei mir ist es anders. Ich erinnere mich. Meine Träume sind so real wie mein Leben, wenn ich wach bin. Und ich höre auf die Stimmen in mir. Denn es liegt eine Weisheit in Träumen, die man im wachen Zustand kaum zu glauben wagt. Man erzählt sich, dass dieser Mann, der, von dem ich geträumt habe, der Prediger aus Nazareth, der uns allen so zugesetzt hat, – dass auch er an Träume glaubte. Ja, er soll sogar aus einer Familie von Träumern stammen und glauben, dass Gott selbst durch die Impulse des Gehirns spricht, dass er seine Nachrichten und Geschichten sendet, während die Welt schläft und alle, die darin sind. Junge Männer, die träumen und alte Männer mit Visionen; ich kannte das alles und nahm die Worte mit aus der Tiefe des Schlafs in die Wirren des Wachseins. Ich habe es Pontius klar und deutlich gesagt, habe es sozusagen vor den höchsten Richterstuhl gebracht: Lass die Finger von diesem Menschen. Denn er ist unschuldig. Er hat Unruhe gestiftet? Provoziert? Gestört? Ja, aber er ist unschuldig; und mir geht es heute nicht gut, weil er in meinen Träumen war.

Und selbst wenn mein Mann die Dringlichkeit meiner Worte nicht begriffen hat – ehrlich gesagt konnte er nicht besonders gut zuhören, wie alle, die von Angst bestimmt sind und sich um die eigene Position sorgen –, war meine Furcht nicht zu übersehen. Er muss sie an diesem Morgen in meinen Augen gesehen haben. Muss sie gefühlt haben angesichts der Tatsache, dass ich es für nötig hielt, ihm eine dringende Nachricht zukommen zu lassen. Ich sagte es noch einmal: Lass die Finger von diesem Mann. Lass ihn in Ruhe. Er ist von Gott. Nicht von unseren Göttern, diesem launischen Spektrum von Ängsten und Aberglauben, das es schafft, unser Leben zu regieren; letztendlich dienen diese Götter lediglich dazu, unsere Macht zu legitimieren. Nein, er ist von einem Gott der Geschichte; ein Gott, der einer ist und nur einer; ein Gott, der irgendwie in diesem verlassenen Menschen ist.

Ich frage mich, ob dieser Traum Wirklichkeit wird. Denn ich sah meinen Mann, der allein da stand, für alle sichtbar ungerührt, aber ich, die ich ihn gut kenne, sah die Angst, die ihn ganz und gar ausfüllte. Ich schaute ihn an, wie er dort stand, verzweifelt, unfähig zu tun, was er eigentlich tun wollte, beeinflusst von der Wut und den Drohungen all der anderen Stimmen. Und ich konnte noch das schluchzende Kind spüren, das er in der Nacht gewesen war und das nicht wusste, wie es mit der Autorität umgehen sollte, die ihm gegeben war. Er hätte sie liebend gerne abgegeben.

Ich erzählte ihm meinen Traum, aber er wollte nicht hören, wollte meine Angst nicht ernst nehmen und seinen eigenen Überzeugungen nicht nachgeben.

Wird dieser Traum Wirklichkeit werden? Wird man sich an ihn und an diesen Mann, Jesus, erinnern? Bleiben sie miteinander verbunden, nicht nur in dieser Geschichte, sondern auch in allem, was danach geschieht? Ich weiß es nicht. Alles, was ich habe, ist die Realität meines Traumes und die Tatsache, dass er mich nicht loslässt.

Dieser Jesus macht mir Kummer, weil er so anders ist. Anders als Pilatus, anders als ich; und doch wie wir ein Mensch aus Fleisch und Blut. Sie standen an diesem Nachmittag gemeinsam auf dem Pflaster, der eine von hohem Ansehen und mit offensichtlich viel Macht, aber der andere – er, Jesus, – hatte eine Autorität, wie ich sie nie zuvor erlebt hatte. Ich meine, ich weiß nicht, woher sie kam. Obwohl, wenn ich ehrlich bin, weiß ich es doch. Das erschreckt mich so sehr. Die Realität dessen.

Und all das, die von Gott gegebene Autorität, legte er in diesem Moment ab, gab sie aus freiem Willen aus der Hand.

Er strahlte eine solche Selbstsicherheit aus! Selbst in dieser Stunde, in der alle sich gegen ihn verbündeten, schien es, als gäbe es nichts, was ihm irgendjemand wegnehmen könnte. Oberflächlich gesehen, das stimmt, hatte man ihm alles genommen: seine Würde, seine Freiheit, seine Kleider, selbst sein Leben. Als er da hing, ans Kreuz genagelt, war nichts Anmutiges mehr an ihm, keinerlei Schönheit. Und doch haben wir ihm nichts weggenommen – ich bekomme eine Gänsehaut bei der Erinnerung, denn genau das habe ich geträumt. Wir hatten nur das, was er beschlossen hatte uns zu geben. Das war seine Antwort, die er mit der Ruhe eines Menschen gab, der weiß, was getan werden muss, und es dann still und voller Liebe tut.

Für meinen Mann war das am schlimmsten. Verglichen damit war sein Becher leer. Er hatte seine Hände in Unschuld gewaschen, aber er war befleckt. Für wie lange? Ich weiß es nicht. In meinem Traum bleibt er es für immer. Sein Name bleibt verbunden mit dem, den sie den Christus nennen – für immer angeklagt; für immer schuldig. Auch wenn ich weiß – denn ich war ja dabei, ich habe gesehen, was passiert ist –, dass die Schuld alle gleich trifft (keiner war ohne Schuld), ist es sein Name, Pontius Pilatus, der zu einem Synonym für Schuld geworden ist. Das tut mir weh. Ich sah es im Voraus, aber ich konnte es nicht verhindern. Die Menschen glauben nicht mehr an Träume. Sie vergessen sie lieber.

Die Nacht ist gekommen. Die dunklen Stunden. Nicht friedlich, sondern leer. Ich kann nicht schlafen, bin aufgewühlt und ängstlich und gehe die Ereignisse des Tages in Gedanken wieder und wieder durch, nach dem Punkt suchend, an dem mein Einschreiten die Dinge vielleicht hätte in andere Bahnen lenken können. Aber es gibt einen Punkt, an dem muss jeder für sich entscheiden, was er tun will; und an diesem Punkt sind wir ganz allein, jeder wählt seinen eigenen Weg, keiner verfügt über die Macht, den anderen zu verändern. Was ich in Jesus gesehen habe, war die überraschende Entscheidung für den Weg der grenzenlosen Liebe, und deshalb lag eine ungeheure Würde in dieser ansonsten so unendlich niederträchtigen und hässlichen Art zu Sterben. Und im Gesicht meines Mannes, der jetzt neben mir schläft, sah ich den blanken Terror; sah die Unfähigkeit, das Richtige zu tun, sah die Unterwerfung unter den Willen anderer und die groteske Brutalität der Menschenmenge.

Er schläft nicht tief. Sein Körper zittert und immer wieder zuckt er zusammen. Er träumt. Aber er wird sich nicht erinnern. Gleich welche Geschichten Gott ihm gerne im Schlaf ins Ohr flüstern möchte, sobald er aufwacht, ist er taub. Ich für meinen Teil fürchte mich jetzt vor dem Schlaf, habe Angst vor dem Träumen. Ich weiß nicht, welche Botschaft für mich bestimmt ist. Ich weiß nicht, ob ich sie ertragen kann, und ich weiß nicht, was morgen auf mich wartet. Das ruhelose Ruhen meines Mannes; und dann sein Körper, der kalte, tote Körper des kalten, toten Predigers aus Nazareth. Ins Grab gelegt. Aber nicht vergessen.

Ich träume noch,
Herr, du Gott der Träumer und Toren.
Ich träume von einer anderen Welt:
einer Welt,
in der schmutzige Hände dargeboten werden
zur Säuberung,
Füße gewaschen werden, nicht nur einmal,
die Hoffnung nicht austrocknet,
unberechenbare Wege zusammenkommen
und wo Umkehr von falschen Wegen möglich ist.
Ich träume von einer besseren Welt:
einer Welt,
in der Tränen des Kummers und der Reue
weggewischt,
schmerzende Gliedmaßen gehalten,
innere Ängste besänftigt werden
und durstige Lippen Wasser zu trinken bekommen.
Ich träume von einer neuen Welt:
dieser Welt, neu erschaffen,
diesem Fleisch mit neuem Kleid,
die Sünden vergeben
und der verworfene Eckstein ein Neubeginn.
Amen.

Teil Drei:

AUF OSTERN ZU

Kapitel 8

JESUS VERGIBT MIR.
LASSE ICH DAS ZU?

Oder wisst ihr nicht, was es heißt, auf Jesus Christus getauft zu sein? Wisst ihr nicht, dass wir alle durch diese Taufe mit einbezogen worden sind in seinen Tod? Durch die Taufe sind wir mit Christus gestorben und sind daher auch mit ihm begraben worden. Weil nun aber Christus durch die unvergleichlich herrliche Macht des Vaters von den Toten auferstanden ist, ist auch unser Leben neu geworden, und das bedeutet: Wir sollen jetzt ein neues Leben führen.

Denn wenn sein Tod gewissermaßen unser Tod geworden ist und wir auf diese Weise mit ihm eins geworden sind, dann werden wir auch im Hinblick auf seine Auferstehung mit ihm eins sein. Was wir verstehen müssen, ist dies: Der Mensch, der wir waren, als wir noch ohne Christus lebten, ist mit ihm gekreuzigt worden, damit unser sündiges Wesen unwirksam gemacht wird und wir nicht länger der Sünde dienen. Denn wer gestorben ist, ist vom Herrschaftsanspruch der Sünde befreit. Und da wir mit Christus gestorben sind, vertrauen wir darauf, dass wir auch mit ihm leben werden. Wir wissen ja, dass Christus, nachdem er von den Toten auferstanden ist, nicht mehr sterben wird; der Tod hat keine Macht mehr über ihn. Denn sein Sterben war ein Sterben für die Sünde, ein Opfer, das einmal geschehen ist und für immer gilt; sein Leben aber ist ein Leben für Gott. Dasselbe gilt darum auch für euch: Geht von der Tatsache aus, dass ihr für die Sünde tot seid, aber in Jesus Christus für Gott lebt.

Römer 6,3-11

Im Lukasevangelium sagt Jesus in dem Moment, als er ans Kreuz genagelt wird: „Vater, vergib ihnen, denn sie wissen nicht, was sie tun." (Lukas 23,34).

Jetzt halten wir die Nägel in unserer Hand. Kann es sein, dass Jesus uns meint?

Denn wie bei Petrus gab es in unserem Leben Zeiten, in denen wir so taten, als wüssten wir von nichts. Wir waren mutig, wenn es einfach war, suchten dann aber den leichten Ausweg, zogen uns in den Schatten zurück, verdrehten die Dinge zu unseren Gunsten und logen, um unsere eigene Haut zu retten. Wir haben so viel versprochen und so wenig gehalten.

Wie die Soldaten, die Jesus ans Kreuz nagelten, taten wir Dinge, von denen wir wussten, dass sie falsch sind. Wir haben uns damit entschuldigt, dass wir lediglich Anweisungen folgten. Wir haben uns auf Kosten anderer lustig gemacht und es genossen. Wir haben gewürfelt um den Mantel eines anderen.

Wie Pilatus haben wir in schwierigen Situationen unsere Hände in Unschuld gewaschen, den leichten Ausweg aus der Affäre gesucht. Wir wollten das Eine tun, weil wir es für richtig hielten, taten aber schließlich doch das Andere. Wir hörten den Rat, hörten die Bitten Anderer und wiesen sie zurück.

Wie Kajafas haben wir uns neuen Möglichkeiten verschlossen, weigerten uns aufzuschauen, waren gefangen in unserem tief verwurzelten Starrsinn, mit dem wir immer nur das sehen, was wir kennen. Wir ließen es zu, dass äußere Formen und Traditionen, ja auch unsere religiösen Überzeugungen alles andere in den Hintergrund stellten.

Wie bei Judas gab es Zeiten, in denen wir unsere Freunde betrogen, uns bei den Mächtigen einschmeichelten und nach Belohnungen für uns selbst suchten.

Und dann sind da noch all die anderen.

Wie die meisten der Jünger sind wir geflohen, als es schwierig wurde. Wir sind eingeschlafen bei unserer Aufgabe. Unsere Fantasie hat uns im Stich gelassen; unser Mut hat sich verflüchtigt.

Wie Jakobus und Johannes haben wir nach Ansehen und Macht verlangt.

Wie Thomas haben wir Zweifel zugelassen und uns von der Verzweiflung überwältigen lassen.

Wie die Verbrecher, die neben Christus am Kreuz hingen, haben wir am lautesten gespottet oder am längsten gebettelt.

Wie die Menschenmenge, die da stand und zuschaute, aufgehetzt und voller Erwartung, haben auch wir in der Menge gestanden. Wir haben unseren Füßen gestattet, nach dem Rhythmus der Masse zu tanzen. Wir haben das Schauspiel genossen, uns versteckt in der Anonymität des gemeinschaftlichen Versagens, haben uns über

die Schwachen lustig gemacht und über die Verwund-
baren gelacht.

Wie all jene, die an einem Tag „Hosanna" sangen und
am nächsten riefen „Kreuzige ihn", haben wir unser
Fähnlein nach dem Wind gehängt.

Denn um zu siegen, braucht das Böse nichts weiter als
gute Menschen, die nichts tun. Und vielleicht liegt darin der größte Schrecken: Jesus wurde nicht von bösen
Menschen getötet. Er wurde getötet von unzähligen
Guten, die unzählige kleine Kompromisse machten;
die ihre eigene Haut retteten und den Einzigen nicht
erkannten, der eben diese für sie retten konnte. Denn
indem sie ihn an sein Kreuz nagelten, befreite er sie von
dem Gerüst ihrer eigenen, selbst errichteten Kreuze.
Gott hat in Christus getan, was wir niemals hätten für
uns selbst tun können: Er hat genau das besiegt, was ihn
ans Kreuz brachte.

Wir nennen es Sünde. Sie ist die in uns allen vorhan-
dene Tendenz, die Selbsterhaltung über alles andere zu
stellen, selbst wenn wir wissen, dass unser Tun falsch
ist; ja selbst dann, wenn wir wissen, dass es andere
verletzt und zerstört. Heutzutage neigt man dazu, für
jede falsche Entscheidung eine Erklärung zu finden
– die Kindheit, die Umstände, die sehr verständliche
Auswirkung davon, selbst verletzt und betrogen worden zu sein. Aber so kompliziert ist es gar nicht. Man
muss auch nicht religiös oder christlich sein, um es zu
verstehen. Wir alle haben Dinge getan, von denen wir
wussten, dass sie falsch sind; haben Dinge gesagt, die

verletzt haben; sind daran gescheitert zu dem Menschen zu werden, der wir sein wollten, geschweige denn dem, den Gott wollte. Paulus formuliert das so: „Ich verstehe selbst nicht, warum ich so handle, wie ich handle. Denn ich tue nicht das, was ich tun will; im Gegenteil, ich tue das, was ich verabscheue. [...] Ich unglückseliger Mensch! Mein ganzes Dasein ist dem Tod verfallen. Wird mich denn niemand aus diesem elenden Zustand befreien?" (Römer 7,15+24).

Am Kreuz besiegt Jesus die Sünde. Er nimmt sie auf sich, mit all ihren Qualen und ihren Konsequenzen. Er tut es freiwillig, nicht als Tauschhandel für eine Gegenleistung, sondern als Akt der Liebe. Wie ein Lamm, das zum Schlachten geführt wird, ist Jesus unschuldiges Opfer. Der eine Mensch, der ohne Sünde ist, nimmt die Sünden aller auf sich. Gleich, ob wir es gut finden oder nicht, ob wir es wahrnehmen oder nicht, ob wir davon überzeugt sind oder nicht – uns allen ist vergeben.

Im Leiden und im Tod Christi sind wir also konfrontiert mit den schlimmsten Seiten der Menschheit. In dem Hass, Neid und Scheitern, auf das sein Tod zurückzuführen war, erkennen wir die Gräuel und die Sündhaftigkeit der Welt; sie stehen stellvertretend für jede einzelne falsche Entscheidung, für jeden Tod, jedes Fehlen von Liebe. All das wird zusammengeführt in den Hammerschlägen, die die Nägel in seinen unschuldigen Leib treiben. Deshalb begegnet uns am Kreuz Menschlichkeit in Reinform, so wie sie ursprünglich gemeint war: voller Selbstlosigkeit, Liebe, Vergebung und Großmut. Uns begegnet Menschlichkeit, wie sie sein kann: erlöst durch

Christus, der Hammerschläge und Nägel hinnimmt, tief in das Herz menschlichen Scheiterns vordringt und immer weiter Vergebung schenkt. Genau das tut Liebe.

Einige wenige erhaschten einen Blick darauf. Maria Magdalena, während sie den ganzen, langen und heißen Freitagnachmittag geduldig da stand und wartete. Auch sie hat in gewisser Hinsicht ihren Nagel in der Hand behalten, hat durch ihre Anwesenheit still ihren Anteil an der Geschichte akzeptiert. Immerhin wusste sie, dass sie der Vergebung bedurfte. Dann einer der Soldaten, der bei Jesu Tod und seinen Worten der Vergebung begriff, dass er wahrhaftig der Sohn Gottes war. Er spricht diese Erkenntnis laut aus (s. Markus 15,39). Und außerdem einer der Diebe, die neben Jesus hingen. Er streckte sich in verzweifelter Hoffnung nach Jesus aus. Es sind auch seine letzten Augenblicke und er hält an der Hoffnung fest, die er in Christus sieht: „Jesus, denk an mich, wenn du deine Herrschaft als König antrittst!" (Lukas 23,42). Und Jesus antwortet: „Ich sage dir: Heute noch wirst du mit mir im Paradies sein." (Lukas 23,43).

Das Angebot steht auch heute noch. Es gilt für alle, die nach Jesus rufen, für alle, die Reue empfinden. Und auch wenn kein Gefühl der Reue existiert, ist es da. Sollten Sie aber gerade anfangen, in Jesus zu entdecken, was Gott für uns getan hat, dann dürfen Sie Gebrauch machen von Gottes Angebot des Lebens und der Vergebung. Das ist die Bedeutung des Kreuzes. Die Verheißung von Ostern. Sie müssen nur danach greifen

Vorschläge zum Gebrauch dieses Buches als Kurs in der Passionszeit

oder zu einem anderen Zeitpunkt während des Jahres

Natürlich muss jemand die Gruppe begleiten und die Treffen im Voraus planen. Aber der folgende Ablauf ist leicht umzusetzen, meistens arbeitet die Gruppe selbstständig und es ist keine Leitung nötig. Bearbeitet wird jede Woche ein Kapitel aus dem ersten Teil dieses Buches.

Wie bei jeder Kleingruppe sollte vorher sorgfältig darüber nachgedacht werden, wo man sich trifft. Es sollten genügend Sitzplätze vorhanden sein, die so angeordnet sind, dass man sich gegenseitig sehen kann. Außerdem sollten Erfrischungen bereitstehen, entweder für die Phase des Ankommens oder für das Ende des Abends.

Alle Teilnehmenden sollten über eine Ausgabe dieses Buches verfügen, um die Meditationen und Bibeltexte während der Treffen mitlesen und nachvollziehen zu können, und auch um sich auf den jeweiligen Kursabend vorzubereiten.

Der Kursabend

Da die Kapitel alle relativ kurz sind, kann der Abend ganz einfach damit begonnen werden, Bibeltext und Meditation gemeinsam zu lesen. Auch wenn alle sie bereits vorher gelesen haben sollten, ist es hilfreich, die

Texte noch einmal von verschiedenen Stimmen laut vor-
gelesen zu bekommen.

Dann stellen Sie sich in Kleingruppen von zwei oder drei
Personen folgende Fragen:

1. Was hätten Sie getan, wenn Sie an der Stelle des Petrus, des römischen Soldaten, des Pilatus oder eines
   der anderen gewesen wären?
2. Versetzen Sie sich in die jeweilige Person hinein: Was
   würden Sie Jesus gerne jetzt sagen, im Licht seiner
   Auferstehung? Schreiben Sie Ihre Gedanken auf oder
   einigen Sie sich in der Kleingruppe auf eine Antwort.
3. Teilen Sie diese Gedanken mit der ganzen Gruppe.
4. Entdecken Sie etwas von sich selbst in dieser Person?
5. Beenden Sie den Abend mit einer Zeit der Stille. Denken Sie darüber nach, ob es in Ihrem Leben Situationen gab, in denen Sie …

   - *Woche Eins:* … wie Petrus davongerannt sind vor
     einer schwierigen Situation oder Entscheidung?
   - *Woche Zwei:* … wie der Soldat wissentlich etwas
     Falsches getan haben mit der Entschuldigung,
     Anweisungen auszuführen, der Firmenpolitik
     treu zu sein oder ähnliches?
   - Woche Drei: … wie Pilatus zugelassen haben,
     dass die Masse Sie beeinflusst?
   - *Woche Vier:* … wie Kajafas Schuld waren, dass
     jemand anders durch Ihre Entscheidungen oder
     Handlungen leidet?
   - *Woche F*ünf: … wie Judas jemanden oder etwas
     verraten haben, das Sie lieben.

- *Woche Sechs:* ... wie Maria Magdalena jemandem in großer Not zur Seite gestanden haben, auch wenn Sie nichts tun konnten, was hätte helfen oder die Situation verändern können?

Das sind schwierige Fragen. Man muss nur dann etwas sagen, wenn man wirklich möchte. Ansonsten ist dies die Gelegenheit zu einer stillen Reflektion.

6. Fassen Sie die Gedanken und Gebete zusammen mit den Bußgebeten auf den folgenden Seiten. Die Passionszeit ist eine Zeit der Buße, und die Gebete sind eine gute und schlichte Form, um den Abend zu beenden und sich auf Karfreitag und Ostern vorzubereiten.

Mein Gott, aus Liebe zu dir
möchte ich mich von allen Sünden abwenden,
die je dein Missfallen erregt haben,
und ihnen entsagen;
ich beschließe, mit deiner Hilfe
*   und durch deine Gnade*
für immer von ihnen zu lassen;
ich will all das meiden,
*   was mich zur Sünde verleiten könnte.*
Hilf mir dabei
durch Jesus Christus, unseren Herrn.
Amen.

New Patterns for Worship, Church House Publishing, 2002, S. 88. [eigene Übers.]

Herr Jesus Christus,
Du Sohn des lebendigen Gottes,
wir bekennen, dass wir wie deine ersten Jünger
auch versagt haben:
Wir bitten dich um deine Gnade und brauchen
deine Hilfe.

Wir sind davongelaufen, als wir hätten
 bleiben sollen:
Herr, vergib uns unsere Schuld.
Christus, erbarme dich.

Wir haben andere beschuldigt und uns selbst
entschuldigt:
Christus, vergib uns unsere Schuld.
Herr, erbarme dich.

Wir haben hier auf der Erde Schätze angesammelt
    und deine Schätze verschmäht:
Herr, vergib uns unsere Schuld.
Christus, erbarme dich.

Sie können die Bußgebete auch nur einmal nutzen, am Ende der Kursreihe. In diesem Fall wäre es besonders hilfreich, die Teilnehmenden auch Kapitel 8 lesen zu lassen: „Jesus vergibt mir. Lasse ich das zu?" Hier kann Mut gemacht werden zu einem persönlichen Sündenbekenntnis bzw. einer persönlichen Beichte, mit dem befreienden Zuspruch der Vergebung. Ihr Gemeindepfarrer kann Sie in diese Praxis einführen.

Vielleicht möchten Sie diese kurze Bußliturgie beenden mit dem folgenden oder einem anderen der Abendgebete aus dem *Common Worship: Daily Prayer.* [Eine Agende der *Church of England*; ein anglikanisches Mess- und Gebetbuch ist bei der Anglikanischen Kirche in Deutschland erhältlich, als einfache Alternative könnte jedoch das Evangelische Gesangbuch herangezogen werden. – Anm. d. Übers. und der Red.]

Wir bitten dich, du Herr unseres Lebens,
nimm uns in dieser Nacht und in alle Ewigkeit
unter deinen Schutz.
Du Licht allen Lichtes, bewahre uns
vor innerer Dunkelheit;
schenk uns friedlichen Schlaf,
damit wir am Morgen nach deinem Willen
zu unserem Tagewerk aufstehen;
durch Jesus Christus, unseren Herrn,
Amen.

[eigene Übers. Original von Lancelot Andrewes. Hier wäre z.B. auch Luthers Abendsegen möglich. – Anm. d. Übers.]

7. Wie hat der Abend auf Sie gewirkt? Was könnte sich in der vor Ihnen liegenden Woche dadurch ändern? Bringen Sie diese Fragestellung zur Sprache und geben Sie jedem, der das möchte, die Möglichkeit, sich dazu zu äußern.
8. Erinnern Sie alle daran, das nächste Kapitel zu lesen.
9. Setzen Sie Teewasser auf …